BON VENT

ESCRITS SOL·LICITATS

Per la Maritze i l'Ama.

que ens sigui propici.

Vilaseca 13/04/07.

Col·lecció Prisma - 17

BON VENT

ESCRITS SOL·LICITATS

XAVIER GRASET

Primera edició: febrer de 2007

© Xavier Graset
© Cossetània Edicions

Edita: Cossetània Edicions
C/ de la Violeta, 6 • 43800 Valls
Tel. 977 60 25 91
Fax 977 61 43 57
cossetania@cossetania.com
www.cossetania.com

Disseny i composició: Imatge-9, SL

Impressió: Romanyà-Valls, SA

ISBN: 978-84-9791-257-0

Dipòsit legal: B-7.662-2007

BARCA NOVA

Diu en Pere Rovira, el poeta del meu poble, de Vilaseca (i del poble català), que quan parem de treballar sempre ens fa mal alguna cosa.

Doncs jo estic cruixit d'ossos, i no perquè hagi parat de treballar, sinó pel vertigen d'escriure aquest text que m'ha sol·licitat Jordi Ferré, l'editor de Cossetània, perquè serveixi d'introducció a aquest *Bon vent*, que ha agafat cos i volum de llibre.

Un escrit sol·licitat més. Els que vénen al darrere són els que em fan mal. Diuen els pagesos que no és bo quedar-se contemplant la feina feta, que és millor mirar la que encara queda per fer.

Això deu ser el que em fa més mal, i també el que al mateix temps m'engresca: el futur en què tot està per fer... i per escriure.

El mal que tinc, en fer aquesta aturada en forma de llibre, és el mal d'esquena de la feina feta, de les hores viscudes; girar la vista enrere i fer-ne un dietari amb els dies perduts, desendreçats en l'origen.

Són escrits sol·licitats, que han agafat la voluntat de llibre a posteriori, i que amb aquesta eficàcia d'ordenar els textos escampats, d'arrenglerar idees i visions, ha adquirit una unitat que també li dóna el pas del temps.

El neguit del llibre, dels articles, és el meu. Neguit pel que m'envolta i per bona part del que m'interessa, i també, és clar, en tant que textos sol·licitats, neguit de qui me'ls ha encarregat en cada moment: *La Vanguardia*, *El Periódico*, *Metro*, *El Temps* o *El Pont de Fusta*.

A cada un d'aquests mitjans he mirat d'adequar també la meva escriptura, sabent que hi ha distàncies i proximitats, que varien en funció del coneixement del bocí de realitat que retraten.

A cada un d'aquests mitjans he pogut abocar a cada moment els meus interrogants i les meves impressions sobre el moment polític, les estratègies i aliances, sobre l'Estatut i la Constitució, sobre el menjar i el beure, sobre el cine i el teatre, la moda, la indústria, el turisme o les infraestructures, sobre allò que m'agrada, o detesto, sobre allò que m'apassiona.

Preguntar per escrit, deixar memòria i, humilment, mirar de pessigar alguna consciència.

Sense pretensió, aquests escrits han jugat el seu paper, han tingut el seu moment quan van ser publicats i ara agafen una altra dimensió. Els articles, amb el pas del temps, amb la mirada enrere, ens donen una altra volada. La mateixa realitat analitzada canvia quan veus que, tot i el pessic, tot i les preguntes llançades a l'aire, o bé no hi ha hagut resposta o bé res d'allò que criticava no ha experimentat el més petit canvi.

O sí. També hi ha coses, governs i estrelles que ja no són els mateixos o que han passat a formar part de la història.

"Treballem per omplir la memòria, i deixem buides la intel·ligència i la consciència. Així com els ocells que van en cerca de gra i el porten al bec sense tastar-lo perquè els petits hi picotegin, així els nostres pedants espigolen la ciència als llibres i l'allotgen als seus llavis per vomitar-la solament i que el vent se l'emporti". Ho va escriure Michel de Montaigne sobre els pedants, al llibre primer dels seus *Assaigs*.

Els periodistes treballem per omplir la memòria, i la nostra pretensió és tocar consciències i intel·ligències, és la d'arribar a la gent. Aquest privilegi de feina que tinc, la satisfacció de poder connectar amb la gent i de poder contrastar aquest pas dels dies i de les hores. Ara amb forma de llibre, abans amb la forma de diari, setmanari o mensual, dia rere dia a Catalunya Ràdio, sigui a informatius, a Madrid, a *El matí de Catalunya Ràdio*, a *El món s'acaba*, al *Tot gira*, al *De 4 a 7* o a *L'oracle*. Sempre perspectives, interessos diferents sobre el compàs de la realitat.

El gran periodista polonès Rysard Kapuscinski, mort aquest 2007, ja determina la tasca de reporter d'Heròdot, en la Grècia antiga: "Com treballa Heròdot? És reporter de cap a peus: roda pel món, mira, conversa i escolta per escriure el que ha après o el que ha vist, o tan sols per recordar-ho".

Quina línia no hi ha entre aquests dos grans, Heròdot i Kapuscinski? La del viatge per la història, pel temps.

En la tria personal i l'interès col·lectiu que trobareu a les planes d'aquest *Bon vent*, m'agradaria agafar ni que fos de retruc l'alè, l'esperit, d'aquests viatgers per la història, pel temps, que m'emmirallen. Jo he volgut fer com tants altres que han conversat, i escoltat. I he escrit, ni que sigui per recordar allò que he vist i après en aquests anys que van quedant enrere.

QUAN SALTEN LES OVELLES, TINDREM VENT PER LES ORELLES

Escrits de l'activitat social

VOTI VOTI

Rosane Braga és brasilera. És model, i s'acaba d'operar. S'ha fet treure dues costelles d'un cos que ha anat perfilant a cop de talonari, per poder-lo lluir com mai a la desfilada d'escoles de samba de Rio de Janeiro. Fins avui s'havia deixat els *cruzeiros* en liposuccions i rinoplàsties, però el seu últim pas pel quiròfan buscant la silueta ideal és d'aquells que va unit al llibre del Gènesi. És clar que Rosane rebutja la costella d'Adam i una altra de propina: a hores d'ara ja no té les dues costelles inferiors. El seu model és directament la Barbie, i és que al carnaval de Rio hi ha molta competència i si vols guanyar diners "has de ser la més maca de totes", assegura la *garota*.

El pensament de Rosane Braga, morena i de 1,65 m d'alçada, deu coincidir en bona part amb el dels electes d'aquestes eleccions del 2000: les eleccions del carnaval del mil·lenni. També aquí hi ha molta competència, i segur que molts candidats es deixarien treure una o dues costelles, no per guanyar diners però sí per guanyar vots.

Els centres de dermoestètica es posaran les botes. Penseu d'entrada en les liposuccions, perquè a les llistes aquesta vegada sí que hi ha molts homes de pes. Jesús Gil la demana a crits (que és com parla). I amb les calvícies passa tres quartes parts del mateix. Des de la tradicional ensaïmada que duu al cap l'Anasagasti, que té una difícil solució, fins als fronts descoberts d'Almunia o Frutos, o el cabell elèctric de Piqué.

A tots els partits hi ha també alguna berruga com ara Vidal-Quadras, o Josep Borrell. A CiU no els parlis d'operacions, ja en van tenir prou amb l'operació reformista. És clar que *operació* també és una paraula vetada al PP d'ençà que Telefónica i BBVA es donen més suport que el que s'han promès PSOE i IU. I en el repàs estètic al PP encara no els ha caigut la crosta de Pimentel.

És clar que això de la cirurgia estètica també enganya, perquè si els candidats busquen el perfil de Kent, el xicot de la Barbie, i s'emmirallen en Mario Conde ja podem plegar.

Rumiant-ho bé potser serà millor que no es toquin res, i que es deixin estar de costelles, de liposucions o de crostes. Amb una retocada de bigoti o barba ja n'hi haurà prou i, això sí, que vagin repetint el missatge que la calvície, les cuixes carnoses i els ventres generosos són un signe d'intel·ligència i potència sexual, que això dóna molts vots.

"LOW" IS IN THE AIR

En això de Ryanair hi ha alguna cosa que passa de la ratlla. Tinc la sensació que algú ens pren el pèl. No sabria concretar-ho, és només una sensació. No sé si és la Comissió Europea, AENA o la mateixa companyia. És clar que l'explosió que hi va haver fa uns quants anys d'ONG ha arribat ara a les companyies aèries de baix cost.

I l'aeroport de Reus, com el de Girona o el de Charleroi, i tants altres, les han esperades amb candeletes, per revitalitzar les seves instal·lacions. Em sembla fantàstic. El que no s'hi adiu tant és la reacció que ha tingut l'organisme de control dels aeroports: nul·la. M'ha recordat la de Fabio Testi davant dels primers envits de Marlene Morreau, a Gran Hermano Vip. No la volia veure. Fabio Testi és AENA i la Morreau és Ryanair, posem per cas. Ja es veu que la dona està molt bé i que no necessitaria facturar res. Però la boira impedeix veure a AENA, que és a 600 quilòmetres de Reus, que caldria adaptar-se a aquest important canvi que significa que diverses companyies aèries s'interessin per utilitzar l'aeroport. No m'estranya que la Generalitat en reclami la gestió. Potser amb això s'aconseguiria un millor equipament tècnic de la base de Reus i uns horaris del personal que permetessin operar a més vols. No sé si les ajudes econòmiques que han donat a Ryanair, i a les altres companyies de baix cost, són com el pressupost de tangues de Marlene, però en tot cas empipa que s'hagin plantejat com una subhasta amb el de Girona; el conegut "qui en dóna més", que deixa el que hauria de ser un seriós plantejament d'infraestructures en mans d'un simple regateig.

Em sembla fantàstica la tendència de convertir un vol en una cosa tan accessible com pujar a un autobús, perquè la sola existència d'aquestes companyies ha obligat les grans a abaixar preus. I també que la Costa Daurada formi part dels destins més visitats d'Europa; ja tan sols faltaria demanar a les companyies que s'ajudin a si mateixes, treballant amb rigor, i que el fet d'optar per un d'aquests vols no sigui una aventura.

LA LLEI DELS TERCERS CARRILS

Què hi pot haver més trist per a un bunyol de bacallà o per a una croqueta de costa que veure passar els minuts, les hores, mentre perden la cremor de la fregidora sense que ningú hi faci queixalada? És el mateix que han de sentir les russes que poblen, per hores, les cunetes de les nostres carreteres (russes en el sentit genèric que abraça les exrepúbliques soviètiques i països de l'Europa de l'Est) mentre perden el furor davant els automobilistes que els claven l'ull?

És la mateixa tristesa que provoca l'abandonament que sents davant les retencions que tornen a l'autopista AP-7 com orenetes a les finestres?

Crec que hi ha una línia fina que uneix aquestes tres tristeses. La que genera la impotència davant el pas del temps.

Tots ens marcim: la croqueta, el bunyol, la russa i el conductor de l'AP-7. Pero com ens donaran una Expo si ni tan sols no tenim un tercer carril que oxigeni una autopista que des del Vendrell fins a Salou converteix l'estiu en Setmana Santa, de tanta processó que hi ha?

Em sembla molt bé que després de les protestes dels veïns s'aconseguís desplaçar el pas de camions de l'N-340 a l'AP-7, però és que n'hi ha per tirar el barret al foc. Entre camions i aquests Mercedes de segona mà que enfilen, carregats com xerpes, la ruta del Magrib, a un se li posa el cos de croqueta freda, de puta equilibrista (sobre talons i sobre la vida).

La gran connexió amb Europa, la via Augusta de pagament, s'embussa esperant un tercer carril que es va anunciar al mateix temps que Port Aventura. I et canvia la cara per més que paguis els peatges amb Teletac, que és com no voler saber de què has de morir.

Et canvia la cara en veure que arribes tard a la cita amb les croquetes i els bunyols, o en perdre't entre la foguera de les vanitats si vols esquivar l'embús anunciat.

A la mateixa AP-7, però en direcció a Girona, el trànsit no va millorar fins que la van ampliar en la connexió amb Lloret de Mar. Pero ja se sap que el sud de Barcelona ha hagut d'anar guanyant pes a força d'espera. Tal vegada per això, perquè ja hi estem acostumats, i perquè a Benigne li agrada anar inaugurant trams de carreteres guanyant pes a base de marisc, no sembla que hi hagi gaire moviment de terra.

I mira que des del 1995 han tingut temps de projectar aquesta ampliació. Però, és clar, aplicant la lògica que a Port Aventura també pagues per fer cua a les atraccions, ¿què és millor que pagar i fer cua darrere els camions?

A més, un pas lent a prop del Mèdol i del Pont del Diable siempre dóna una certa èpica a un recorregut que, si no, hauríem fet sense tenir en compte el túnel de la història.

Però ja que no es decideixen a desdoblar l'AP-7, per què no treuen totes aquestes noies que mig amb gasa exhibeixen els seus cossos per carreteres secundàries fins al principal eix viari de Tarragona?

A aquest ritme no hi haurà Expo a Tarragona, com a molt un Fòrum. Fem, doncs, més panoràmica la cita amb les croquetes.

LA CASA DEL PLAER INDIVIDUAL

Si res no ho altera, a finals d'aquest agost quedarà beneït l'amor que es regalen el príncep Haakon de Noruega i la jove Mette-Marit Tjessem. I mira que el prometatge ha donat més ensurts que el que va donar als republicans del planeta veure com el rei Simeó de Bulgària recuperava la corona per les urnes. I ha deixat més rastres per la sorpresa que la cocaïna que van trobar a la tribuna reial a les curses de cavalls d'Ascot, a la Gran Bretanya. Aquestes monarquies europees han assumit gairebé la funció dels antics bufons de la cort, i són ara ells qui distreuen els súbdits i serfs. Tot i que amb tanta actuació tampoc s'ho passen malament. Deu ser un canvi més d'aquesta societat postmoderna en què vivim, aquesta era de buidor que cruix a cop d'antiglobalització.

El cas és que la trajectòria fins a l'altar de la Mette-Marit, que amb aquest nom es deu haver de casar per força, no és apta per a uns sogres tancats de mires. Un cop els reis Harald i Sònia van assumir que la seva futura jove havia tingut un fill amb un home condemnat per un afer de drogues, han hagut de pair la notícia que també havia participat en un programa de televisió que es diu *La casa del plaer*. El programa en qüestió no és una mena de *Gran Hermano* hedonista, on la noia estigués tancada amb una colla deixant-se emportar per les passions de la lectura, la gastronomia, les arts o el sexe. No. El format s'acosta més al d'aquell *Amor a primera vista* que han emès tant Canal 9 com

TV3. Vaja, que servia per anar a pescar parella, i per obtenir el plaer, a posteriori, a casa o allà on fos.

La Mette-Marit hi va participar l'any 96, però la premsa escandinava no creu en els models de dones fortes, tipus la dama del mar que ens va retratar Ibsen, i ho han esbombat com si fos un numeret de funambulistes per distreure la concurrència. Es veu que hi va fer furor, també va cantar. La futura reina dels noruecs va entrar al plató amb la presentació de "amb tots vostès la gallineta cega de la nit!!!", amb un antifaç i amb plomes de comiat de solters portuari. Vaja! Se la disputaven un centenar de pretendents, però al final va sortir del bracet d'un jove, que tenia el renom de "el ballarí de la mort", i dues entrades per anar a un concert de Metallica. L'interès d'aquesta participació al xou televisiu és sobretot conèixer algun detall de caràcter de la noia, que va confessar que s'estima més "els gossos vells que els cadells", que li agrada molt més Julio Iglesias que la música de jazz, i que no és gens romàntica. Tota una princesa postmoderna. Això s'ha de resoldre. La que serà princesa el dia 25 d'aquest mes de moment rep lliçons de protocol. Tampoc és que s'hi pugui fer gran cosa més. Tots tenim un passat, i ells han triat entre el poble, i no entre la noblesa local. A Holanda han fitxat una argentina. I a Espanya s'ha anat a la pedrera cantàbrica. I a Cuba per la família directa. És que si ho penses bé tampoc n'hi ha tantes, de princeses disponibles. Però és que a més vivim una era de canvis profunds, que també afecta aquesta esfera reial. És clar que no els jutjarem, perquè, també ells, tenen el dret a ser íntegrament un mateix, a fruir de les coses bones que té la vida. De "la casa del plaer". No hem fet una societat que té l'individu com a valor màxim? Per sobre del bé social? Doncs aguantem. El sociòleg Gilles Lipovetsky, professor a Grenoble, és un dels que ha teoritzat amb més encert sobre aquests canvis. Sobre aquest individualisme que ha generat noves actituds: apatia, deserció, la seducció que substitueix la convicció, l'humorisme que ocupa tots els àmbits de relació social, d' un cert estancament i reiteració, on es banalitza la innovació, i on, com dibuixa Lipovetsky, "el futur no s'assimila a un progrés ineluctable". I on hi ha com a fet social i cultural més significatiu la possibilitat de "viure lliurement, sense repressions, escollint íntegrament el modus d'existència de cada u". Doncs això fa la Mette-Marit.

Tot això com a contraposició a la societat moderna, que és la que creia en el futur, en la ciència, i que es va instituir com a trencament amb la jerarquia de sang i la sobirania sagrada, amb les tradicions i els particularismes en nom de l'universalisme. Poc s'ho pensa la jove noruega que encara que els seus futurs sogres s'escandalitzin, ella és filla de la postmodernitat. D'aquest individualisme que impera. I que per tant ningú li pot retreure que busqués un "príncep blau" en un plató. Encara que Lipovetsky també deu anar refent aquestes idees de final de segle. Ja heu vist que amb això de la resposta a la globalització, tornen escenaris de rebel·lia comuna i social. L'afany de fer del planeta un mercat únic, un escenari econòmic i cultural que augmenti molt més les desigualtats, fa unir lluites diverses, des de la de Sintel, a la dels sense papers, a la de les identitats i drets col·lectius. Segur que a les manifestacions també hi deu anar la Mette-Marit i la resta de princeses europees perquè les deixin viure en pau a la seva "casa del plaer" particular.

SENSE COTXES, SENSE PEIX, SENSE BOLETS...

Aquest mes de setembre la cosa ha acabat de petar. El preu desorbitat dels combustibles ha encrespat els ànims de pescadors, pagesos i transportistes, que han batallat davant les distribuïdores de benzina, gairebé per delegació de tothom. La intenció frustrada de fer a les ciutats d'Europa el dia 22 un dia sense cotxes ha reeixit després per la falta de benzina. Els preus pels núvols sí que fan que tinguem unes ciutats amb els serveis de transport públic més plens que mai, però no la intenció de conscienciació ecològica que hi havia darrere de la campanya. Aquest mes de setembre la cosa ha acabat de petar. Amb un euro per terra, i amb un gasoil a preus astronòmics, ja només ha faltat una collita d'avellana minsa, que no hi hagi rovellons, i que haguem passat uns quants dies sense peix fresc. Ah, i que no sigui preceptiva ni tolerada la marca autonòmica als cotxes!

És en setmanes com aquestes quan veus que potser no estem tan bé com ens volen fer creure. I també quan t'adones que això de la globalització no ens és llunyà. Tot el planeta, o gairebé tot, viu al mateix compàs. Aquest estiu vaig poder anar a Veneçuela, i allà els preus de la benzina sí que provocaven efecte dominó. Anava a 20 pessetes. No us comento el preu per donar mal rotllo, però sí per donar un referent d'un dels països que té l'aixeta del petroli. El president, Hugo Chavez, s'ha encarregat de fer del petroli arma de canvi per guanyar projecció internacional i força en el seu enfrontament personal amb els EEUU i, de retruc, amb l'Occident desenvolupat. Mentre uns i altres, els grans capitostos del món, es barallaven pels barrils que han de produir, els altres anàvem pagant, i no 20 peles. Les multinacionals i l'administració no hi perden mai. Nosaltres sí. Paguem per l'impacte ambiental de tenir al Camp de Tarragona un complex petroquímic de pel·lícula de por, i després el preu de tothom. Tenint un mes de setembre tan magre com hem tingut, a aquests de les refineries no se'ls podria entendrir el cor de cara a les butxaques dels seus veïns? Els ciutadans de les Balears, i de les Canàries, tenen preus molt més assequibles que els de la resta de mortals pels bitllets d'avió i de vaixell. No seria cap bestiesa que la gent de Repsol, com les nuclears i aviat els molins de vent que fan electricitat, donessin un preu de compensació, ja no només per a pagesos i pescadors, sinó per a la resta de tarragonins.

Potser això ens compensaria la mala temporada de bolets, la mala collita d'avellana, el peix congelat, i les xapes del CAT.

PUJA LA TEMPERATURA
A BARCELONA

El guanyador del primer premi de novel·la Ciudad de Torrevieja, de Plaza i Janés, Javier Reverte, serà dimarts que ve a Barcelona per presentar-hi *La noche detenida*. Reverte situa en un altre dels seus llibres les ciutats de Mombasa, Bangkok i Rio de Janeiro com les que tenen més prostitutes del planeta. No sé si dimarts haurà de revisar la seva llista, i hi haurà d'incorporar Barcelona.

El cas és que la idea que s'hi faci el prostíbul més gran d'Espanya, ocupant l'antic Studio 54, potser li donarà punts per avançar en aquest trist rànquing.

De fet els americans ja situen Barcelona com un dels punts clau en les rutes mundials de la venda d'intercanvis sexuals. Aquesta és la percepció que en tenen a través dels informes que van transcendir fa uns anys de la seva ambaixada, que presentava això com Sodoma i Gomorra.

I sense necessitat d'acudir a grans informes, les planes publicitàries de contactes que omplen els diaris en són una mostra directa.

Aquest ambiciós pla empresarial que vol omplir de cop el Paral·lel d'un mínim de 250 senyores que fumen, ve dels titulars del famós Riviera de Castelldefels, i deixarà petit Bailén 22 i companyia.

I com acostuma a passar en aquests casos la societat civil va per davant de parlaments i polítics. Aquesta dissociació que hi ha sovint entre carrer i legislació és tan descoratjadora com l'eliminació de la Gisela i la Chenoa però molt més greu: no hi ha res. A Catalunya falta poc per acabar amb aquest buit legal. Potser perquè el Parlament veu com a la nit les rodalies del parc de la Ciutadella s'omplen de noies africanes, vol regular l'exercici d'aquesta activitat. Ja veurem exactament dient què, però serem punta de llança a l'Estat. Potser acabarem tenint també el prostíbul més gran d'Espanya, però definirem si és una feina com una altra i, per tant, amb drets sanitaris reconeguts, amb assistència jurídica, sense proxenetes, o si, com argumenta el ministre Aparicio, no ho és, perquè amaga de fet situacions de violència contra les dones. A més, la meitat de les prostitutes que hi ha a Catalunya són estrangeres, i sovint enganyades per màfies. Tot un drama, que amb tot ha estat encarat per altres països europeus.

Aquí anirem trampejant amb les llicències municipals, amb les ordenances poc clares, que al final acaben deixant forat al negoci. Però tranquils, potser a la llarga si continuen les pugnes de "localismes" Madrid ens resoldrà el problema i s'acabarà enduent els prostíbuls, a més del planetfutbol, la moda, l'aeroport, les multinacionals i l'aigua de l'Ebre.

ALGÚ TRUCA A LA PORTA

Estic aclaparat. A la meva agenda ja no hi ha prou hores per encabir trobades amb agents comercials d'Auna, o de Comunitel, o de Telefónica. Amb una mica de sort quan arribi la televisió digital terrestre, quan es produeixi l'apagada analògica, ja hauré caigut en braços d'alguna d'aquestes ofertes, que aquesta setmana ja passen en algun cas pel regal d'una Samsung de vint-i-una polzades. Aquest sistema de vendes em supera. Ja ni goso agafar el telèfon, perquè el primer que em pregunten és justament si sé quina despesa tinc de telèfon, i després si podem quedar a casa. Home, el DNI sí que el tinc clavat al cervell, però així, sense mirar-ho, no recordo quan he gastat al fix. Perquè és el fix el que em prometen que ja puc canviar, perquè "de per vida" després de la visita passarà a costar-me dos rals. Quan em diuen "de per vida", un fred em recorre l'espinada. I de l'espinada em recorre tot el cos quan ja els tinc asseguts a la taula de la cuina. Els últims estudis de màrqueting, i de venda, deuen haver arribat a la conclusió que ha de tornar l'època de la venda directa, la dels venedors d'enciclopèdia. Com passava fa uns anys, com feia el personatge de Javier Cámara a la pel·lícula *Torremolinos 73*, a la mínima ja els tens dins a casa, desplegant ofertes de telefonia, Internet i televisió digital. Si per un atzar vius al costat d'alguna zona cablejada, ja has begut oli, perquè la insistència es multiplica. I a més et pots trobar que els comercials es desdoblin, que entre ells també es facin la competència, i que t'ofereixin els mateixos serveis a preus més baixos.

És com tenir davant la dona/home de la teva vida, i deixar-la/lo escapar. No pot ser. No m'estranya que el conseller primer vulgui avançar el màxim l'arribada de la televisió digital a Catalunya, perquè si no s'accelera, ja no hi serem a temps, o ja no hi seran a temps aquestes companyies que t'ofereixen una quota fixa "de per vida".

Però és que a més de les companyies que volen quedar amb mi (o amb tu, lector), també els venedors de sabó et truquen a la porta.

Deu ser tendència. No ho sé, si realment aquest sistema és tan eficaç, i encara amb les xifres de consum de cultura i espectacles, se m'acut que també es podria aplicar a aquest àmbit.

Rebries una trucada que et diria si estàs interessat en anar a veure Jordi Bosch, fent de comendador.

"Perquè vostè quina despesa fa al Nacional?", et preguntarien. "I si li ofereixo un paquet per anar a les tres sales, a veure també l'última de Rodolf Sirera, i El professional, amb Pep Anton Muñoz, i Jordi Banacolocha?"

"Dona, doncs no ho sé...", dubtaries.

"Quan li va bé que passi per casa i l'hi explico millor? Li va bé a l'hora de dinar?".

I fet, tindries allà el venedor del Nacional, dient-te que tenen el doble de connexió que el Lliure, i que per un preu de per vida, també t'ofereixen el Premi Sant Jordi de cada any (aquest, *La ciutat invisible* de l'Emili Rosales); i un disc dels grups que van cantar per Sant Jordi al Sant Jordi. Això si no et truca el venedor del Lliure i et diu que per veure l'Hedda Gabler que farà la Isabelle Huppert, et regalen una entrada per anar al cine a veure *Las hermanas enfadadas*.

De fet aquesta mena d'estratègia és la del Cercle de Lectors, amb el venedor picant a la porta per despertar l'ànima lectora de cada ciutadà. Es tractaria d'ampliar-ho a la resta d'indústries culturals. Segur que d'aquesta manera les xifres de consum cultural trepitjarien ja les xifres d'abonats a la telefonia, la xarxa i a la tele digital. Sempre pagant, és clar.

UN INFORME QUE CREMA
A LES MANS

Repasso l'informe d'Amnistia Internacional 2003, que ha sortit aquesta setmana, i que retrata la situació dels drets humans al planeta. El rellegeixo, de fet, després que aquest dimecres en féssim la lectura pública just davant del Macba. A mi em va tocar llegir la situació a la Xina, i mentre anava llegint en veu alta el nombre d'executats, les detencions arbitràries i les limitacions que posen a internet, pel cap em passava la situació actual amb l'epidèmia de la SARS. Més endavant vaig llegir com està la cosa a Indonèsia i a l'Iraq.

És clar que l'informe parla de l'any passat, és a dir, de quan hi havia Sadam Hussein al poder, i que el relat és breu (ja devia ser prou difícil saber-ne res). Però, vaja, hi surten les desenes d'executats pel règim i també l'amnistia general que va decretar Sadam, tot i que no se sap res dels milers de desapareguts. Hi surten els kurds desplaçats a la força del Kirkuk. I les amenaces contra familiars activistes de l'oposició.

L'informe d'aquest any, és clar, encara no recull com van quedar els drets humans durant la guerra, i com ha quedat l'Iraq després. L'Aznar deurà quedar-se també només amb aquest tros d'informe. De fet, ja va utilitzar el de l'any passat per justificar al Congrés dels Diputats la seva posició d'alletament dels B-52 al cel espanyol.

És clar que si l'informe d'Amnistia Internacional li serveix de referent, que es llegeixi també l'informe d'Espanya, i així podrà donar credibilitat a les denúncies de tortura per part de la policia i la Guàrdia Civil, a les agressions xenòfobes i als absusos sexuals que hi ha hagut.

Quedaria galdós. Però potser sí que en els mesos que li queden al poder farà una revisió de vida i de maneres de manar, i el veurem convencent els seus amics Bush i Blair, seguint la via de denúncia d'Amnistia Internacional.

Ara justament fa 25 anys que es va fundar a Barcelona la branca estatal d'aquesta organització de control i denúncia de la situació dels drets humans. I la feina no els ha faltat, gràcies a una manera de fer a tots els centres de poder tan perversa que no té deturador. Mentre era a la plaça dels Àngels també vaig tenir temps de signar un manifest que demana la llibertat del periodista marroquí Alí Lmrabet, director de les revistes satíriques *Demain* i *Doumane*. Compleix quatre anys de presó per ultratge al rei Mohamed VI. Un campió, si segueix l'estela del seu pare, en això dels drets humans.

Però, vaja, a l'aire d'aquesta capital de la pau que és Barcelona, podem llençar els crits contra la guerra absurda, i al mateix temps denunciar les maneres del dictador.

La ciutat o els seus ciutadans tenen prou saviesa com per buscar els seus camins. I la bandera de la pau que ha anat repartida a bocins. L'alcalde Clos deia que els resultats d'aquestes eleccions han recollit també la situació de política internacional. No podia ser altrament si n'hem de fer ciutat de la pau, i ciutat de la reflexió de les cultures. ERC i Iniciativa sembla que hagin recollit els vots de la protesta per la guerra, i a l'altra banda el creixement de regidors del PP pot venir també d'aquest pèndol.

Potser la protesta feta directament davant la seu del Partit Popular, el llançament d'ous cap als seus dirigents, l'abocament de fems i la criminilització directa dels seus regidors ha acabat mobilitzant un electorat que no devia anar a les manifestacions, però que ha votat al sentir-se agredit.

A la mateixa plaça dels Àngels on s'ha llegit aquest informe d'Amnistia Internacional, que parla d'un passat immediat avisant sobre el futur que ens espera, i on l'espiral de violència que passa per Colòmbia, Israel, Rússia, i en la que acompanya la lluita contra el terrorisme internacional no semblen tenir qui les aturi, encara m'informen d'una altra actuació prou peculiar. La que farà el ciclista italià Willy Mullonia aquest dissabte a les 11 del matí a la plaça de Catalunya en el marc de la festa del comerç just: iniciar una contrarellotge de 6.000 km pels drets humans. Es tracta que tothom que tingui bicicleta i vulgui, l'acompanyi els primers kilòmetres. No em vull ni imaginar la sorpresa que seria que l'Aznar també agafés la bicicleta!

CASTANYES I HALLOWEEN

Va ser just a l'acabar el programa de ràdio del dia abans de Tots Sants. Em va trucar una oient de 80 anys, que em va dir que es deia Elvira. La dona estava indignada perquè jo acabava de desitjar als oients una feliç castanyada. La dona, que quan la productora del programa li havia demanat qui era s'havia identificat dient que no era ningú, treia indignació per totes bandes. Tot comença amb la confusió de festes que hi ha l'u i el dos de novembre. De res em va servir dir-li que era plenament conscient que el dia 2 és el dia dels Morts, i que l'1 és Tots Sants. "El dia dels Morts és el de les castanyes", em va corregir. Al matí missa de difunts i a la tarda durant el rosari era quan apareixien les castanyes, amb una mica de moscatell per fer-les baixar.

El malestar de l'Elvira, que va assegurar que tenia parents arreu de Catalunya, també va derivar cap al color que diferencia nens i nenes. Blau per a ells i rosa per a elles. És a l'inrevés: "Les nenes han d'anar de blau i blanc, com anava la Mare de Déu, i els nens de rosa perquè és el color rebaixat de la sang".

I encara feia el salt cap a Sant Jordi. Segons m'explicava l'Elvira, són les noies les que han de regalar les roses als nois, perquè era la donzella, salvada del drac, la que regalava la rosa al cavaller sant Jordi.

—I què me'n dius dels Reis? Hi ha pares que els volen explicar als seus fills que són ells, i no els Reis, qui els porten els regals. Per què els han de matar la il·lusió?

S'ha perdut tot. L'Elvira es queixava de la distribució de la castanyada, per no parlar del cada vegada més celebrat Halloween. La festa americana, la de les carbasses i fantasmes, que sembla que està trastocant les castanyades. Abans que Universal Port Aventura ho celebrés, ja hi havia hagut alguna discoteca que s'apuntava als rituals nord-americans. Què voleu que us digui, potser encara que sigui contradir l'esperit de l'Elvira, encara m'agrada més fer castanyada que no utilitzar les carbasses per a una altra cosa que no sigui el cabell d'àngel. O posats a fer en aquest model d'àrees temàtiques que és Port Aventura, potser estaria bé que a més del Halloween, de cara a l'any vinent, ja que també hi ha àrea Mediterrània, repartissin panellets i castanyes. I encara més: com que la festa de Tot Sants i el dia dels Morts també és molt seguida a Mèxic, que ens portin al parc un model de la festa mexicana. I fora del parc potser sí que cal fer l'esforç de deixar clares les coses que són pròpies de la terra, ara que vivim una època en què de nou Catalunya acull contingents importants d'immigració. Cal que en l'evolució dels pobles no es menystingui allò que els és propi. Les festes tradicionals en són un puntal bàsic. El romiatge de Mas Calvó, per exemple, a Vila-seca ha de ser tan important o més que els panellets i les castanyes, perquè ens recorda d'allà on venim i on som.

FRENEM EL RACISME,
QUE FRENIN LA DELINQÜÈNCIA

Ara es veu que sí, que Rajoy ho arreglarà. Quan hagi enllestit el referèndum d'Euskadi es posarà mans a la guitarra, o el que és el mateix, prendrà mesures per acabar amb el problema de la inseguretat ciutadana de Barcelona. Els ministres ja se sap, tenen tantes coses a les mans i al cap que és impossible que arribin a tot arreu. I així van: quan no és el Fraga el que preveu una mortaldat és el mateix ministre d'Interior, que de fet és l'encarregat de repartir les urnes en tots els comicis, el que es posa nerviós. Llàstima que es posin nerviosos més aviat i ràpidament pels jocs de paraules i d'intencions que no per la bufetada de realisme brut que ens dóna als ciutadans la nova injecció de delinqüència que patim. Però a Rajoy també li ha pujat la mosca al nas per la inseguretat a Ciutat Vella. Ja era hora. Perquè segons el que hem sentit dels responsables municipals, segons les estadístiques, encara estem lluny del volum de delictes i robatoris que tenen ciutats amb una població semblant a la de Barcelona. Gràcies, regidors, quin descans que ens queda de saber que encara estem per sota de l'estadística. El més trist i delicat d'aquesta nova delinqüència és com ens ha arribat. I el que genera malgrat els esforços de neteja de prejudicis: racisme.

Parlem clar d'aquesta delinqüència de què viuen un grapat de joves, majoritàriament d'origen magribí, i també d'altres orígens estrangers, que tant de mal fan a tota la seva comunitat. Visc a Ciutat Vella, i el que podia ser una estirada de bossa, en un gest de desesperació per poder menjar, és ja una feina. Com qui va a l'oficina. La impunitat d'aquests petits delictes, que han generat algun "heroi" amb centenars de detencions, no fa més que professionals de la xoriçada. La ruta del modernisme, el passeig pel Gòtic, ha esdevingut lamentablement un camí d'ensurts. I ensurts perillosos, amb la nova modalitat de robatori: un grupet que et rodeja i que intenta escanyar-te, o els que et llancen dissolvent a la roba i et calen foc, o els que al metro se't llancen a la cama just abans d'entrar al vagó. Això per no parlar del ja clàssic robatori als cotxes amb passatgers a l'interior. Obrint primer la porta del conductor i, quan tothom està sorprès, la de l'acompanyant. Han avançat els mètodes, i de manera perillosa, davant l'aparent passivitat policial. I el pas del temps fa que ja no siguin dos xavals que van pel seu compte, sinó que s'hagin format màfies. Ja hi ha qui els compra les joies i qui els canvia la moneda estrangera, i el bar on es poden canviar de roba per despistar qui els segueixi. Per sort ara el ministre diu que reforçarà policialment la ciutat. Mira que fa temps que es podrien haver infiltrat en aquest circuit, per comptes de fer-ho en les manifestacions antiglobalització. Però, és clar, els pertorba molt més això que el G-8 o el Banc Mundial de torn no tinguin resposta. Els preocupa molt més Ibarretxe. No corren tant quan el que es tracta és, vist el que ha passat a altres països europeus, de parar els peus a la xenofòbia i al racisme, parant els peus a aquells que es confonen entre els que busquen una vida nova, els que faran un país millor. A vegades als polítics sembla que els interessi que creixi aquest malestar ciutadà, que s'aixequin murs d'incomprensió entre cultures. Amics del barri, ben lluny de postulats racistes, ja comencen a buscar un nou habitatge a la ciutat. I clamen perquè posin una videocàmera allà on sigui, i per més policies al carrer i per expulsions, com també prepara Rajoy. Ara es veu que sí, que quan hagin enllestit això de l'autodeterminació d'Euskadi i hagin controlat qui hi ha a l'antiglobalització, frenaran la delinqüència. Potser deuen esperar que l'estadística ens faci europeus també en delinqüència i en xenofòbia.

L'EBRE CRUIX

Devem ser a l'era d'aigua. Ho diuen els horòscops? Si no ho diuen potser ho haurien de dir. Que els ho preguntin als de l'Ebre, que ja veuen que amb això del Plan Hidrológico les vies de lògica s'han escapat i que això de l'era, si el Plan va endavant amb tots els ets i uts, tindrà una lectura del verb *ser* en passat, més que no pas en el seu significat d'època, d'un espai temporal. És clar que quan entres en això dels horòscops no t'ho acabes, perquè pot ser que hi hagi aigua, però també hi ha peixos i aquaris. I en tot aquest sarau, hem vist pescadors de tota mena, polítics de tots colors que han fet el camí de sirga, resseguint un riu que es fan ben seu però que no havien vist mai de tan a prop com ara que s'han hagut de mullar el cul. Parlant de colors: hi ha hagut marxa blava cap a Brussel·les, com fa uns anys n'hi va haver de verda, i va ser arribar a la capital europea, i per si no es veia clar a les pancartes que el que es vol és que no marxi l'aigua, el cel es va manifestar amb la gent de les Terres de l'Ebre, i va ploure com els dies que plou bonic a Brussel·les. Com l'aigua que volia regalar el mateix riu quan pels forts aiguats d'aquest any semblava que havia d'inundar Tortosa i Amposta i totes les Terres de l'Ebre fins a fer-les aigües de l'Ebre.

Aquest nus a la canonada d'aigua que té per símbol la coordinadora antitransvasament de l'Ebre és el mateix que després se'ls ha fet a la gola als nostres mandataris: tant als d'aquí, del govern català, com als de

Madrid. Uns i altres s'escanyaven, es quedaven amb la gola seca. Com segons els més visionaris quedarà el riu. Que ben pensat tampoc és mala idea, perquè quan no hi hagi aigua, allà s'hi pot fer una autopista, al delta xalets, i a cobrar peatge. Potser llavors s'haurà de fer un transvasament de tornada.

El primer filòsof de la humanitat, Tales de Milet, ja ho va dir: "L'aigua és el principi de totes les coses". És clar que en els temps que vivim sembla que s'han acabat imposant les tesis de Pitàgores: "Els números són el principi de totes les coses". I els números canten.

En la conjunció astral d'aquest any, han anat esclatant conflictes a les aigües de l'Ebre, i el "progrés" de l'Emron només ha servit per escalfar l'ambient, i de tan escalfat, esclafat va quedar. I la notícia de l'any, les veus de l'Ebre, les del Quico el Célio, el Noi i el Mut de Ferreries, que fitxen vocalista femenina. Sí. Han fitxat la Lucrecia, perquè enmig de cada cançó sempre reclama cridant: "Agua!!!".

UNA NÚVIA PER A GAUDÍ

Em vaig quedar amb cara de moniato —que no deu fer variar gaire la que tinc, però vaja—. La meva fesomia, que reflectia el cansament de l'hora (ja era de matinada), es va transmutar de cop. A la mitja part del partit de bàsquet entre Espanya i l'estat associat de Puerto Rico (associat a l'imperi), la presentadora de l'informatiu que feia a aquella hora de trànsit del dimarts al dimecres la "uno" va despatxar la notícia del primer dia de la setmana gran de la moda de Barcelona amb un "la pasarela Cibeles acabará el domingo". Us ho asseguro. I es va quedar més ampla que un espectador de bàsquet a Indianàpolis.

En aquesta nova cita amb la moda a Barcelona (de les tres que hi ha durant l'any) els organitzadors, amb Paco Flaqué al davant, no han volgut que la pugna amb Madrid i la seva Cibeles anul·li el treball seriós de dissenyadors i industrials que hi ha al darrere de la convocatòria. Que la passarel·la no sigui quadrilàter.

L'error és fort, o potser podem dir que el lapsus de la presentadora de Torrespaña és simptomàtic. Allà fan guerra psicològica, la moda només pot ser Cibeles.

Però, és clar, és que tot just m'havia estenellat al sofà de casa després de sopar al saló Sant Jordi del Palau de la Generalitat, on el president Pujol acabava de lliurar les medalles Antoni Gaudí, a un altre Antoni, Miró; a un Josep, Font, i a "Peeeedro" Almodóvar.

Tot fantàstic. Tothom estava molt engrescat, i per l'actitud i paraules dels consellers d'Economia,

Francesc Homs, i d'Indústria, Josep Subirà, als puntals del sector (Miró, Bassi, Juste de Nin, Font, Toton Comellas i tota la resta), queda clar que el Govern català entén que la força de Moda Barcelona, bastida a través de molt d'esforç individual, és també part d'aquest fet diferencial que ara està un pèl congelat.

A la resta de l'Estat hi ha molta gent que també troba absurda la guerra amb Madrid, i la presència al Gaudí dels dissenyadors andalusos Victorio i Lucchino, de Spastor i Alianto, o el reconeixement a Almodóvar poden ajudar, si no a canviar les mentalitats tancades i les pixades fora de test de gent com el conseller d'Economia de la comunitat de Madrid, com a mínim a qüestionar-los aquest renovat centralisme jacobí.

Entre els periodistes desplaçats des de Madrid per seguir la setmana de la Moda, n'hi havia que preguntaven si el Pati dels Tarongers era gòtic de debò, o si era un decorat que dibuixa una arquitectura civil de somni. Home, és cert que, com que l'han restaurat i polit, aquesta pedra del segle XIV sembla nova, però tampoc en això es juga a l'aparença.

L'edifici és històric, com ho és l'esforç dels dissenyadors catalans per evitar que Barcelona perdi, a més de salons d'automòbils, ronaldos i planetfutbols, el pes que té la moda. Esforç per fer caminar junts el FAD, el circuit alternatiu i el Gaudí. Esforç per presentar batalla conjunta, pel respecte exterior, pel reconeixement de les més de cent escoles de disseny que hi ha a Catalunya, per la història, per la tradició.

L'Almodóvar, el cineasta que ha sabut treure tant de suc a Madrid com a plató, assegurava que cada vegada que ve a Barcelona està localitzant contínuament. Pertot arreu troba escenaris per rodar. I considera que aquí ha de rodar una altra pel·lícula, que està en deute amb la ciutat i la gent que li ha donat la medalla Gaudí.

Al Pati dels Tarongers s'imaginava una història de trencament amorós, de solitud, de molta paraula.

Gairebé la història de les tortuoses relacions entre Gaudí i Cibeles. Aquesta vegada la convocatòria de la moda i el disseny ha volgut sacsejar altres àmbits: el cine, la dansa, i la reflexió a la sala Metrònom, avui de Margarita Rivière i demà de Gilles Lipovetsky. Tot un encert. Però perquè les més altes instàncies del Govern espanyol coneguin la força creativa de Barcelona, què millor que obsequiar la filla de l'Aznar, que es casa demà, amb el vestit de núvia que ha dissenyat Konrad Muhr? Si li veiem lluir demà, pits enlaire, al *real sitio* d'El Escorial, tenim garantit ressò mundial per a la Moda de Barcelona.

EL PARE DEL NUVI

Per un moment vaig arribar a pensar que s'haurien casat abans que es fes la petició de mà. D'ençà que va transcendir que l'hereu de la corona havia triat finalment amb qui vol passar la resta de les seves hores, hi ha hagut una cascada de fets que han arribat a saturar la informació de tots els mitjans informatius, amb alguna soferta excepció.

Mireu si no primer el rumor, l'endemà la confirmació oficial; dilluns de concert amb el Rostropovic, dimarts va traslladar els trastos cap a palau, i mentrestant la maquinària d'informació rosa que no ha tingut ni un moment de descans. Especials de tomàquets, salses i tardes que han hagut d'improvisar primer com serà el futur de la parella, i els passos de protocol.

Però finalment no s'ha posat el carro davant dels bous, i primer li han demanat la mà, i es veu que a l'estiu es casarà.

També sembla que s'ha aclarit que la jove promesa viu a l'ala de convidats de la Sarsuela, no perquè hagi volgut començar a redecorar el pis del príncep (que havia rebut crítiques i disculpes del FAD), sinó perquè així està més protegida de la persecució dels seus companys de professió.

És el que resulta més curiós d'aquest nuviatge, que quan sents parlar la Letizia, no saps mai si està presentant el *telediario* o cobrint un esdeveniment noticiable, o si està fent declaracions de debò.

Ja ens deurà marxar del cap, però és lògic que el pes de la projecció pública de la seva feina als diferents mitjans encara ens la recordi quan la veiem, si més no aquests primers dies.

Quin ritme més vertiginós. És clar, veient la rastellera de noms de possibles reines que s'han quedat en l'intent, no és d'estranyar que si ho té mínimament clar, l'home s'hi hagi llançat de cap, i ara tot siguin presses per aconseguir que aquesta reina del futur sigui acceptada pel pare del nuvi, per la mare, i per tots aquells que hi volen dir la seva.

S'ha de reconèixer que n'ha après. No podia ser bo reproduir la lletania i tortura que va acompanyar el festeig amb la Sannum. No pot ser que tothom hi volgués dir la seva per acabar influint en la decisió del noi. A veure, que s'entén que qui té el cul llogat, no seu quan vol. Per tant, si viu d'encàrrec no té del tot les mans lliures, encara que el marge sigui molt gran.

Què hauran de fer ara totes aquelles jovenetes que d'una manera o d'una altra optaven al tron? Deuen fer costat a aquells que no els agrada que la Letizia tingui un passat, un passat marital, i que el seu cor ja hagi compartit la sotragada de l'amor amb altres homes. Però amb un gran exercici de comprensió per part dels pares del nuvi, l'acceptació amb normalitat del present de Letizia també pot ser prou alliçonadora. Llàstima que el poder pedagògic que sovint tenen les grans institucions de l'Estat no s'hagi aprofitat del tot aquests 25 anys de democràcia, i sovint un tingui la impressió de viure encara en la transició, o en el franquisme. Llàstima també que la pressa que hauran de tenir a l'Ajuntament de Madrid per enllestir totes les obres del carrer, no es traslladi per exemple a les obres de l'AVE.

Llàstima que la boda arribi a traslladar la difusió de les enquestes del CIS. Llàstima que ho tapi tot fins a ofegar-nos.

Per què si estan tan decidits i apressats no es casen la setmana que ve? I així no veurem Pasqua abans de Rams!

EL PACTE DEL CALÇOT

Em sembla que és urgent que els nostres polítics se'n vagin junts de calçotada a Valls. Sí, ho dic sincerament, perquè ja no veig altra manera de frenar l'espiral de despropòsits verbals que hem anat sentint aquests dies de precampanya electoral. Que si Trillo, que ocupa el primer lloc d'aquest joc de disbarats, que si la Valdecasas, que si el president de Múrcia, i uns quants àrbitres de segona territorial. Que se'n vagin tots de calçotada, que és el que toca ara mateix. No veig altra sortida. Però no una calçotada partidista, no. Una calçotada de concentració, d'agermanament. Valls, molt millor que la plaça de Sant Jaume. Valls, perquè a més és la pàtria dels castells, dels mossos d'esquadra, com ho és també dels calçots. (Encara no entenc per què Valls no és la capital de Catalunya, amb tanta contribució a la construcció del país). I insisteixo que es faci a la capital de l'Alt Camp, perquè aquests dies que (en tant que presentador del *12 punts*, el programa de TV3 i Andorra Televisió, que ha de triar la primera cançó en català que anirà a Eurovisió) em desplaço setmanalment a Andorra, he anat trobant una llarga llista de llocs que s'atribueixen les calçotades més genuïnes. A peu de carretera i així que canvies de comarca, el cartell de "Calçotada autèntica" reclama l'atenció dels viatgers, i vés a saber qui ho fa amb més intensitat. Fins i tot a Ordino, a Andorra, mentre dinava, a la taula del costat em va semblar sentir plorar uns quants calçots desubicats dins d'una teula.

I mira que aquest plor, aquest xiulet característic del calçot en plena cocció, se'm presenta en aquesta època de l'any com la millor de les sintonies possibles. Però a lloc. La calçotada és un dels grans invents que tenim. Gràcies a l'atzar, a la vista i al gust del Xat de Benaiges, el vallenc que ens va compensar la pèrdua de Cuba i totes les desgràcies del 98 (del 1898) amb la seva troballa gastronòmica. Combina menjar i festa, i convida al pacte i a la col·laboració. Quan es fa al tros, al defora, en una finca a l'aire lliure, i tothom s'ha d'arremangar, ja sigui tallant les arrels, fent el foc amb les redoltes, o girant els calçots perquè es facin a banda i banda. Tots els sentits es posen en guàrdia. L'escalfor de les flames que et torra la cara, els espetecs de la llenya, les aromes combinades de la cocció del calçot i del fum. I aquest xiulet que fa el calçot quan se li esquinça la pell, en aquest peculiar estil de cocció a la papillota, on les parets exteriors del calçot, les que després eliminarem, fan de recipient de cocció. I el gest d'embolicar-los amb paper de diari perquè s'acabin de fer.

La gran festa del calçot, amb totes les ressonàncies històriques que li vulgueu buscar, amb tot el debat sobre la salsa que hi vulgueu afegir, amb la literatura pantagruèlica amb què ho vulgueu adobar, amb les referències al calendari que hi vulgueu posar. Però sobretot amb l'aspecte social de la festa. Tant de bo que faria per la concòrdia democràtica veure el Trillo amb el pitet, pelant el calçot i fent unes imitacions per alegrar la festa, la Valdecasas o el Fraga sucant salsa amb aquells que (per un lapsus) han titllat d'assassins

Carod o Bargalló, el president Maragall passant-li el porró al de Múrcia, i els àrbitres de futbol sabent quina salsa gasten els jugadors del Mataró. La calçotada que pot generar aquesta combinació d'harmonia i eufòria tan necessària per redreçar la convivència democràtica, fins i tot en temps d'eleccions.

EL MUR DE LA VERGONYA

Que aquesta cimera de Barcelona que comença avui havia de ser sonada ja ho podíem intuir. La setmana va començar amb l'europeíssim "Iurop is livin a selebreison" de la Rosa d'*Operación Triunfo*, i es tancarà amb el "Me gustas tú" del Manu Chao d'Operación Protesta, que vindria a ser també un himne de l'alegria que ens quedarà a tots quan s'acabi la cimera europea. I a mitja setmana hem tingut els "cors" o els brams dels seguidors del Liverpool, que s'han passat qualsevol ordenança municipal i tots els preceptes de la llei del garrafot per l'arc de triomf, i han anat pels carrers de la ciutat amb una "pinta" que els identificava, i amb la gerra de cervesa a la mà.

Estem construint doncs l'Europa de les veus. No sé si del tot acadèmiques i harmòniques, o més aviat envoltades del mateix misteri que tenen les veus de Bulgària, aquestes que volen entrar, amb unes quantes veus veïnes més, a l'Europa de la Unió.

L'Europa de la cantada que ha triat la rosa de foc per assajar les fórmules de Constitució. No és la primera vegada. El novembre del 95 ja hi va haver una important trobada de dirigents europeus a Barcelona per debatre les solucions per a aquesta Mediterrània tan convulsa. I això per no parlar de la megamoguda del 92, encara que aquella tenia tot un altre caràcter.

Potser per evitar que la flama de la rosa de foc s'estengui per la colla dels 15, els bombers estan militaritzats. No només ells, tothom està de guàrdia: bombers, metges, ambulàncies i els 8.500 policies i les dotacions de l'exèrcit que són aquí per garantir la seguretat de presidents d'estats i de governs.

I és que això de les trobades i reunions europees ha canviat molt, s'han globalitzat molt. I a Barcelona, després que el Banc Mundial ens fes l'espantada d'una de les seves gires hi ha moltes ganes de sortir al carrer.

I la seguretat és necessària, digues que sí. Quan a la resta d'Europa han vist que aquest és el paradís dels homes de Bin Laden, dels d'Al-Qaeda, no han tingut cap inconvenient a pagar la benzina de l'avió radar i dels quatre caces i les dues fragates que hi ha de guàrdia durant la cimera.

Aquesta Europa que va tenir una gran embranzida quan va caure el mur de Berlín, n'ha hagut d'aixecar un altre en plena Diagonal de Barcelona. Un mur més. Un mur de la vergonya que separa els mandataris i els súbdits. Un mur que garantirà que en aquesta mutilada Diagonal els cervells més europeus dels que disposem, dels Blairs, Berlusconis, Schroeders i Jospins que discutiran sobre la plena ocupació pel 2010, o sobre la liberalització energètica. Pel que fa a les mesures d'ocupació, no ha calgut esperar al 2010: a la Model n'hi ha més que mai, a la frontera no donen l'abast, i els hotels de luxe també estan plens. I pel que fa a la liberalització del gas i de l'electricitat, llàstima de França, perquè els de la Fecsa ja se les veien negres. I tot això i molt més debatran entre reixes, encerclats. Ja és trist.

El carrer lliure de circulació, perquè ens l'han tallada, i els homes de la lliure circulació, sense poder-se moure engabiats en si mateixos. Esperem que també a banda i banda de paret, a banda i banda de mur, es puguin sentir les veus del triomfalisme i les de la protesta, i que s'arribin a trobar, perquè com diu S.J. Lec, hi ha els que mai han tingut esperança i els que la perden sense parar. Ja caldrà que la cerquem si volem respirar aires de *celebration*.

LA MERCÈ FA MIRACLES

Suposo que després del miracle que ha obrat aquest any la Mare de Déu de la Mercè, l'any vinent no hi haurà cap mena de dubte: el dia sense cotxes s'ha de fer el dia de la patrona de la ciutat.

Ella va fer desaparèixer dels carrers i avingudes tot rastre de vehicle motoritzat, sobretot a primera hora del dia. La rematada final la van obrar el bestiari del seguici popular i els gegants, però aquí la cosa va anar més centrada en els carrers de Ciutat Vella, i a la Via Laietana, que d'altra banda és l'artèria ciutadana que més sovint queda sense cotxes, perquè és un dels circuits tradicionals de manifestació i protesta. Ara es veu que hi volen sumar el passeig de Gràcia, tallant-lo a la circulació els diumenges.

Ja és curiós, ja, que hagi estat l'advocació divina, aprofitant que se'n va monsenyor Carles, qui hagi alliberat els carrers.

És cert que costa molt desfer-se del cotxe, i agafar el metro i l'autobús, perquè som tan còmodes que necessitem gairebé que ens reeduquin. Potser també hi juga molt allò que passava amb la tònica al començament. Les campanyes publicitàries ens deien que l'havíem tastat poc. Amb els transports públics potser també passa que els hem tastat poc. Quan ho fas (i mira que a mi em costa) redescobreixes la ciutat, elimines una bona dosi d'estrès i fas més salut perquè també has de caminar, és clar. I a més hi ha una part d'estalvi molt important, i la possibilitat de llegir *Metro* mentre et porten allà on vulguis anar. Els atractius són molts. Ara bé, sempre hi ha qui diu que arribes més tard a lloc. No és ben bé així, el que passa és que has de refer les previsions de temps que destinem a desplaçar-nos. El que pots perdre esperant a l'andana del metro o a la parada de l'autobús el recuperes perquè no te'ls fan aparcar.

Aquests dies mundials són perillosos, ja s'ha vist. El dia sense cotxe, que era el dia ideal per coincidir amb polítics i famosos al metro (com passa amb la gent que truca a la Marató de TV3 per fer donatius), tampoc no va fer el ple. I mira que aquests mesos són ja de precampanya. A l'alcalde Clos, no sé si per mal de ronyó o per una agenda feta a motor, no se l'hi va poder veure.

Potser va ser ell qui va posar el ciri a la Mare de Déu de la Mercè, perquè li perdonés el pecat, i després el va premiar deixant buits els carrers de Barcelona.

Tampoc buits del tot, perquè les festes de la Mercè, que han estat tot un èxit de participació ciutadana, que han omplert els escenaris del BAM un any més (una de les millors tries musicals de la ciutat), que ha fet enlairar la colla dels Castellers de Barcelona com mai fins ara, també han quedat plenes de runa.

També és cert que la calor feia beure més i com que els concerts són al carrer, les llaunes i ampolles ho desbordaven tot. Intentar creuar la plaça Reial sense tocar una llauna, o donar una puntada de peu a una ampolla ha estat una prova que ja li hauria agradat tenir a Ramon García al *Grand prix del verano*.

Quina llàstima: quan semblava que tot això del *botellón* era una cosa que ens diferenciava dels usos alcohòlics de la resta de l'Estat, ens ha caigut una LOAPA que també ens arrenglera amb una estampa ben trista. Llàstima d'ampolles per terra! Amb totes les que hi havia per degustar a la Mostra de Vins i Caves Catalans al Maremàgnum. Però dos miracles ja haurien estat massa per la Mare de Déu. Val més que ens posem les piles de cara al Fòrum, perquè si no haurem d'instal·lar una planta recicladora a la plaça de Sant Jaume mateix.

EL PESSEBRE ETS TU

Tots aquells que es passegin aquests dies per la plaça de Sant Jaume de Barcelona seran, sense saber-ho d'entrada, una figura més del pessebre que aquest any han fet els alumnes de graduat de l'Escola Massana. Gairebé podríem dir que tindran una experiència galàctica. Seran com Beckham, ja que a Londres, al pessebre del Museu de Cera, l'han revestit de sant Josep. Són els dos pessebres que han aixecat més polseguera, i que han deixat els caganers del príncep Felip i la Letizia en un segon terme.

És clar que el sentit del pessebre de Londres i el de Barcelona és ben diferent. Posats a pessebrejar és molt millor el d'aquí, perquè hi acabem tenint una participació activa. El de Londres no deixa de ser un esforç de màrqueting de la gent del Museu de Cera. És clar que a més de David fent de sant Josep i de la seva dona, la "pija" Victòria fent de Mare de Déu, hi ha tot un estol celestial amb la Kylie Minogue fent d'àngel, els tres reis que són Tony Blair, George Bush i el duc d'Edimburg, i uns pastors de cera, que són els actors Samuel L. Jackson, Hugh Grant, i Graham Norton. Aquesta nòmina de pessebre ha aixecat les ires de totes les esglésies, per allò que ni Beckham, ni senyora fan gala d'uns valors gaire cristians. Encara que posats a fer, Blair i Bush de reis encara deu ser pitjor, perquè el seu missatge té més ressonàncies bèlliques que no pas pacificadores.

Sigui com sigui aquest pessebre de cera està sent tot un èxit de públic, i no es mourà de lloc segons han advertit els responsables del Madame Tussaud.

El de l'Escola Massana, que per cert celebra el seu 75è aniversari, no es pot queixar ni de públic, ni de ressò i polèmica. Aquest cas és força diferent. El que han fet els artistes és adequar al temps actual les figures del pessebre popular català. Aquest pessebre ja incorpora certs oficis i feines, com ara el de la filadora, el del llenyataire, el de la bugadera, o el de la mestressa de casa que fa l'all i oli. L'Opi, o el plafó de publicitat que hi ha en la instal·lació, ja ens fa aquest llistat, i justifica el procés creatiu dels alumnes de la Massana. En l'adequació d'aquests oficis al temps actual, s'ha respectat el peu de cada figura, l'ofici antic que hi ha en el pessebre tradicional i popular català. Així doncs, el llenyataire és ara un repartidor de gas butà; el pescador, un home que llegeix; aquell que camina entre la neu és un turista; la bugadera, una dona amb una capsa de sabó. I tot fet amb una silueta de reproducció fotogràfica, de mida humana. El que sí que s'ha deixat com a model fidel són les figures de sant Josep, la Mare de Déu i el nen Jesús, que són còpia de les figures del museu etnogràfic de Catalunya. La "gràcia" d'aquest pessebre és que tots plegats, quan entrem a la plaça de Sant Jaume i ens hi passegem contemplant-lo, passem a formar-ne part. Cadascú passa a ser una figura d'aquest pessebre de temps present. Potser és més efímer, i més canviant, que el de Londres. Potser lliga més amb el que hi ha al meu poble, a la platja de la Pineda (Tarragonès). Allà, de fa uns anys, el fan amb l'arena de la platja, i un se sent pessebre quan gira al voltant de les figures aixecades allà on a l'estiu s'ha torrat al sol.

UNA RÀBIA INSOSTENIBLE

Hi ha dues coses que em fan ràbia i que cada vegada veig que passen més als nostres carrers. D'entrada aquells que van en bicicleta contra direcció, una ràbia que se'm dispara quan vaig conduint pels carrers de Vila-seca o de Salou. L'altra és aquesta colònia de motoristes amb casc mal col·locat i amb "tubarro" per fer soroll, que deu ser l'única manera de dir que són al món.

Segur que pensareu, home, quina ràbia més rodada: bicis i motos. Sí, segur que podria aprofitar la meva bava per gastar-la amb coses més grosses.

És cert, però com que ja em començo a decebre de veure que ràbies més grosses, que arriben a més gent, i que haurien d'estar supervisades per institucions i administracions amb poder per fer complir la norma i el sentit comú, no se m'apaguen, em dedico a aquesta ràbia més viària.

Sí, perquè al final anar en bicicleta contra direcció, encara que em faci ràbia, es deu haver fet sempre. I en certa manera és com una expressió de llibertat del ciclista, que passa davant del senyal de prohibit amb cara de malifeta, i volent dir "sí, ja ho sé que no es pot passar, però així escurço camí". Volent trobar el consentiment de qui se'l creua. Que tots ho hem fet! Encara que hagi estat per un carreró.

L'altra ràbia domèstica que tinc sí que ja se m'escapa. I entenc que qui es fa augmentar el soroll de la moto ho fa directament per aixecar ràbia al seu pas. És impossible que pensi: "Mira, així els meus veïns estaran més contents. Sabran que arribo sa i estalvi". No. De fet, és la mostra d'un sentiment d'inferioritat el que pot tenir l'usuari d'una moto de poca cilindrada, perquè la faci petar per sobre dels límits de fàbrica. Això es fa per dir: "Que xulo que sóc!", "Que llarga que la tinc!". És un tic casernari. És una agressió a la convivència ciutadana. És un signe tercermundista. És com el Madrid de Ronaldo. L'opulència buida.

És clar que el de la moto, i en menys grau el de la bici, deuen pensar que per buida, la meva ràbia. Que ells seguiran fent la seva, anant a la seva.

Això del civisme, que jo em pensava que com que la Generalitat ho premia, s'estendria com un valor democràtic, gairebé com un signe identitari dels catalans, com un fet diferencial, s'està quedant en no res. I mira que és curiós, perquè en altres aspectes la cosa funciona. No ho sé, a Vila-seca els han distingit per implantar la recollida selectiva d'escombraries. Doncs no podria passar el mateix amb això de les motos? Si voleu renuncio que les bicicletes vagin per on han d'anar.

Les meves ràbies aquest estiu van contra motos i bicis, perquè ja sé que de poc em servirà queixar-me que les meves nits han perdut tota intimitat quan els senyors de la Basf connecten aquest tros de xemeneia que crema també com si fossim a Bophal, a la Índia. O no, que això és signe de progrés. D'aquest progrés que ens vesteix amb un barret de fum per damunt dels nostres caps, amb una torxa de talla olímpica contaminant paisatge i aire, i fent-nos cada dia la vida una mica més insostenible.

Era d'aquesta sostenibilitat de la qual parlaven a Johannesburg?

CARNESTOLTES INSTITUCIONAL

La vaca boja ha tingut aquestes festes de carnaval un protagonisme que si féssim un carnaval estiuenc potser hauria de cedir, ja als porcs bojos, ja a les ovelles boges, o vés a saber a quin pobre animaló que hagi pogut patir una alimentació que no buscava nodrir-lo sinó engreixar-lo. Aquests dies de carnestoltes, que antigament servien per posar els cabells de punta a més de quatre, esventant rumors i falsos testimonis, fotent-se d'institucions de poder polític i sagrat, serveixen ara per reproduir, per retratar en forma de rua o de comparsa sovint allò que ve del poder cap al ciutadà i que ja és una burla: la deixadesa en el control sanitari dels productes alimentaris o del nostre entorn. Això sí que són burles sonores i no les tristes carotes estrafetes, nassos de goma i màscares de rigor amb què els pobres contribuents sortim al carrer, pensant-nos no sé què. Si ja se'n fum, el govern de Madrid, dels catalans, que haurem de pagar TGV per totes les vies imaginables, com el govern dels catalans se'n fum de la gent de l'Ebre i de les comarques veïnes, amb un mapa eòlic o uns trasvassaments, o amb una proposta d'energia neta, amb la tèrmica d'Emron, que només caldria que ens preguntessin a nosaltres sobre les bondats de petroquímiques i de tèrmiques. Això sí que són carnestoltades i no la migrada crítica i exercici de subversió festiva que significa ocupar els carrers amb rues de confeti i amb disfresses escolars. Amb tot, si parlem del vessant festiu, ja hem fet notar algun altre any la força que ha anat agafant el carnaval a Vila-seca, que ha capgirat la tradició de les carretel·les de Sant Antoni. El cas de Salou, potser perquè no hi ha patró d'hivern, és un pèl diferent, i per festa civil ja hi ha la potent rua de festa major. Amb tot, volem fer constar que notem l'esforç que s'ha fet per renovar la festa de Sant Antoni, combinant un esforç de modernitat i d'arrelament en el calendari local. Un bon camí per seguir-hi aprofundint. I pel que fa a les carnestoltades, no m'agradaria deixar passar per alt la més gran de totes: la de Repsol, que aquest any amb les conyes dels augments de preus han obtingut tot un rècord de beneficis. Només caldria que la prepotència de la qual ha fet ostentació amb el cas dels dipòsits a la platja de la Pineda ens acabés doblegant. Aquesta llufa no, si us plau.

QUI ÉS EL MEU VEÍ?

En aquesta etapa de creixement dels nostres pobles, en aquests anys de plans urbanístics que faran que tot el terme estigui construït abans que arribi l'euro, veiem que també patim una altra transformació: la despersonalització. És evident que quan Vila-seca, als anys 60, va començar a passar de comptar el poble pel nombre de cases (el pare sempre em deia que n'hi havia 900), a comptar el nombre d'habitants, el canvi bàsic ja s'havia produït. És evident que quan de les quatre cases, dels anys idílics, que hi havia a Salou va començar a pesar més el formigó que els roquers, bona part d'aquest mal de desconeixement del paisatge humà ja s'havia fet.

Però quan creus que les dimensions dels teus pobles, Vila-seca tot l'any i Salou a l'hivern, són assumibles, la cosa es torna a disparar. Per alguna cosa el primer indicador econòmic és el de la construcció. Es veu que quan es fan cases, per damunt de les 900, és clar, tots hem de viure molt millor. Deixeu-me que expressi els meus recels. Qui dóna eines d'adhesió, d'integració, al sentiment de pertinença a un poble, a una comunitat d'àmbit local? Quines són aquestes vies? I que consti que no penso només en la nova allau migratòria que ja estem vivint, amb nous conciutadans que ens arriben sobretot del Magreb, del Marroc i Algèria, amb un salt cultural gairebé sense xarxa possible que l'amorteixi. Hi ha també molts joves, nascuts ja a Catalunya, que viuen en una gran càpsula on els és aliena qualsevol forma de sentiment de pertinença al seu poble, la seva cultura, les seves tradicions, els seus fets històrics, els seus patrons, les seves festes. Sembla moltes vegades que tant els sigui un poble com un altre mentre, això sí, puguin lluir els seus xandalls verds, els seus cascs fins a l'orella, i les seves motos trucades, connectats via T5, A3 o TVE a un món que ignora la terra que els veu créixer. Ara deurà passar el mateix amb tot un altre grup que deurà viure penjat d'Al-Jazzira? Com s'ha de fer perquè aquesta integració no sigui postissa? Des de l'escola? Hi ha d'haver a més una assignatura d'història i tradicions locals? A través de l'esport? Que segur que té un paper fonamental per canalitzar una energia d'identificació clara. Com ho hem de fer per fer sortir la gent al carrer?, per no passejar per uns pobles que semblen només ciutats dormitori, a través d'un comerç més potent? Posant quioscos a totes les places? Posant-hi jocs infantils que facin que els nens es coneguin fora de les pantalles d'ordinador? No traient la fira de Salou del port?

És un problema complex, aquest del creixement sostigut. Com ho podem fer perquè no ens superi la sorpresa al llegir al diari que l'amic de Mohamed Atta, uns dels suïcides de les torres bessones de Nova York, tenia un amic, un còmplice, vivint a Porta del Mar? Sense que ningú del seu voltant es perguntés quins veïns tenim? Com es fa perquè sigui notícia corrent que la Mireia Montàlvez, una noia de 19 anys de Vila-seca, que treballa a la perruqueria Tahití de Salou, opti a cantar a Eurovisió, ensinistrada per la Nina, al programa *Operación Triunfo* de TVE, sense que ens quedi la mateixa cara de sorpresa? Necessitem enfortir els mecanismes d'identificació local, reforçar el coneixement dels perfils humans i de llocs històrics que ens han precedit, des de Callipolis, i Jaume I, fins a saber que aquí es feia cava, molt temps després de l'època de l'aiguardent, o que aquí ha nascut el primer catedràtric de filologia anglesa d'Espanya, o la primera metgessa, o que els Joglars hi van fer l'*M7 Catalònia*, després del seu Consell de Guerra... que hi ha vida, en definitiva, més enllà de l'adotzenament de cases.

AMB LA POR AL VOLANT

És esgarrifós. També vivim en el pitjor punt de Catalunya pel que fa a l'índex de mortalitat a les carreteres catalanes. Rebuscant documentació he trobat dades de l'any 2003. En aquella època les carreteres de Tarragona ja comptaven amb 10 dels 24 trams negres de la xarxa viària. I d'aquests 10, el tram de Salou a Cambrils, de Salou a Vila-seca per la C-14, la carretera de Cambrils a Reus, la de Reus a Montblanc, la de Salou a Tarragona. Per tots aquests trams hi passen més de deu mil cotxes al dia. Contents? Hem d'estar contents de tenir una xarxa gastada per l'alt volum de cotxes que hi passen?

Bé, aquestes xifres han tingut després una traducció que situa a la ratlla dels 500 accidents, amb més de 25 víctimes mortals, les carreteres que van de Vila-seca a Cambrils, la de Salou a Reus, o la de Reus a Montblanc. De qui depèn donar llum verda a la reparació d'aquestes carreteres? Perquè a més del volum, si aquestes vies tinguessin un asfalt en condicions, una pintura que es veiés i una senyalització horitzontal adequada, possiblement les xifres serien unes altres.

De qui depenen aquestes vides que ja no tornaran? De qui depèn la por al cos amb què s'ha de circular quan s'entra en carreteres tarragonines?

Que són poques morts? Que hi ha d'haver encara xifres més esgarrifoses?

Mort a la carretera, mort a l'asfalt, i lentitud a despatxos i pressupostos. Aquestes xifres a més han anat acompanyades les últimes setmanes per una tanda d'accidents seguits que tenien com a punt de connexió que els seus conductors tenien un grau d'ebrietat que triplicava els màxims tolerats per la llei.

D'ençà que la consellera Tura s'ha quadrat, ha exigit el màxim rigor i duresa als Mossos i s'han distribuït radars, ha baixat la mitjana de velocitat. I les grans xifres de sinistralitat. On no acaben de baixar és aquí. Les de Tarragona són les comarques de Catalunya on la passada Pasqua no hi va haver descens, respecte de l'any anterior. Possiblement, doncs, es deu haver de fer alguna actuació urgent de millora de les carreteres. Costa de superar els tràmits habituals, però hi hauria d'haver un plus de sensibilitat i capacitat de reacció per part de l'administració amb aquestes xifres damunt la taula. Com lenta ha estat la decisió d'ampliar finalment l'autopista A-7. És clar que aquí a més dels càlculs de seguretat i fluïdesa del trànsit deuen haver pesat molt més els càlculs de benefici. Els mateixos diners jugats a l'inrevés.

MOLTA TENSIÓ

Encara no m'ho crec, això de Llagostera. Tot un poble mobilitzat contra una línia d'alta tensió. Al final el suposat progrés s'ha hagut d'obrir pas a cop de Mossos. Hi ha una certa contradicció entre la distribució del benestar pel territori. És clar que els veïns i "usuaris" de la Costa Brava deuen haver celebrat el cop d'autoritat del Govern català. Aquí a la Costa Daurada, no sé si també tenim alguna línia pendent de passar, o si amb això de Llagostera també s'acabaran els nostres problemes. Perquè el cas és que l'estiu que acabem de deixar enrere ha estat d'aquells galdosos pel que fa al subministrament elèctric. ¿Com podem seguir reclamant-nos centre i capital de la Costa Daurada, si quan tenim més llum és quan esclaten els coets de la Mare de Déu d'Agost? La situació de prepotència de les elèctriques, que amb el servei de monopoli que tenim a Catalunya, deixa els consumidors lligats de mans i peus, ja és com un quist. És secular. Nosaltres, que som una terra electrificada, gasificada, petrolejada, nuclearitzada, empastifada per la convivència amb les químiques, tampoc acabem de treure profit d'aquesta situació de consum energètic que ens passa per damunt dels caps. ¿Tenim algun estudi de l'impacte de totes les línies de molt alta tensió que alimenten sense aturador, això sí, el complex petroquímic de Tarragona? Aquest suposat gran símbol de progrés que són les nuclears, que Josep Pla volia per les comarques de Girona, ¿no ens podrien mirar de resoldre això de l'electricitat, a tots aquells que les tenim a prop? Nosaltres que som gent d'uns pobles pacífics, que no hem fet mai protestes com les de Llagostera, o com els de Fuenteovejuna, que deixem que la Basf ens entafori un conjunt de xemeneies nou, que es pot veure d'allà on sigui, des de la Pineda, des de l'avinguda Generalitat de Vila-seca, anant de Salou a Tarragona. De què ens ha servit deixar passar gasoductes i trens i tota l'alta velocitat en massa? Per això, perquè passés de llarg el "progrés".

Potser convindria, com que coexistim amb aquest polvorí, que xucla quilowatts i aigua com tots junts, que hi hagués una distribució garantida d'energia, també pel sector turístic, i pels que vivim aquí. Perquè si no potser haurem d'anar a demanar que ens vinguin a defensar la terra i els interessos els de Llagostera.

L'AGRESSIVITAT

Un dels últims informes de Greenpeace sobre el litoral espanyol denuncia que s'està destruint a causa del turisme agressiu. Així titulava la informació el diari _La Vanguardia_. Però al mapa que adjuntava la informació, allà on hi havia "Costas de Tarragona" hi deia: "Contaminación por hidrocarburos".

Ja està. Aquest seria un diagnòstic ajustat al que ens passa a la Costa Daurada. D'una banda, estem a punt de pelar la gallina dels ous d'or: el turisme, en tant que ens estem carregant el poc de natural que queda. I d'altra banda tenim un ajut inestimable per matar-la que són els interessos contaminants.

Del que recull l'informe "Destrucción a toda costa 2002", quan s'entra al detall, aquí tenim gairebé de tot. Des d'enormes complexos hotelers, extracció d'arena del fons marí per refer les platges, fins a ports esportius. Dels tres punts negres de Catalunya, no cal dir que l'activitat de les plataformes petrolieres i els seus sequaços ajuden a malbaratar el poc que tenim.

O sigui, tenim turisme agressiu i indústria agressiva. De fet, hi ha qui veu en la caiguda ocupacional d'aquest estiu un augment d'oferta que fa gairebé impossible (o desitjable) que es pugui penjar el cartell de complet.

I l'altra tragèdia de l'estiu, ja l'hem estat aventurant, és aquesta famosa xemeneia de la Basf. Aquesta gran vàlvula de seguretat que tindrà un cremador amb una flama de més de 60 metres d'alçada. Com si fos de 15, la feredat seria la mateixa.

Aquí potser també podem parlar d'aquesta agressivitat que ho banya tot. Al marge de la cerimònia patètica d'eludir responsabilitats. Fixeu-vos que hem passat de veure com ens l'aixecaven davant dels nassos (sense fer res) a intentar que no facin les proves a l'estiu, perquè no fugi tothom (turistes i residents) autopista enllà.

Els empresaris de la Costa Daurada han hagut d'anar a demanar a l'alcalde de Reus que no l'encenguin a l'agost. És rocambolesc. La fàbrica ocupa com a mínim dos termes municipals, és a Tarragona, però dóna la coincidència que la xemeneia és a Reus. Amunt doncs. No hi deu haver hagut ningú que abans que la construïssin ja pogués veure el seu impacte negatiu per l'entorn. La mateixa agressivitat que suposa veure-la encesa, l'hem tingut ja en la seva concepció. Una prepotència que ja coneixem bé, la del malentès progrés.

Per què els ajuntaments que tenen la xemeneia als nassos, per no dir a la boca, no hi tenen res a dir? I tot allò dels conscorcis, per a què serveix? I el Consell Comarcal, i la Diputació, i la Conselleria de Medi Ambient de la Generalitat, que no té criteri? (No parlem de la de Turisme, perquè, és clar, com que també té Indústria!) La conselleria de Medi Ambient de la Generalitat no té res a dir? O és que espera que facin les proves? Que sí, que ens han de convèncer que la xemeneia és per seguretat, és per què quan peti tot el gas tingui per on marxar... Això ja ens ho diran, ja. O més encara, que la culpa és dels terroristes de Bin Laden, que amb això els torejarem. Si n'hi ha, faran el que voldran, com van fer els d'ETA.

És trist però ens hem dotat d'un gran laberint que no ens ajuda als ciutadans. Aquí es treballa amb impunitat, amb agressivitat. Indústria agressiva, i construcció agressiva. Que no hi ha ningú amb senderi, que digui que no es poden fer 3.000 xalets a la vall del Mestral (entre Mont-roig i Miami)? Això no ho atura ningú tampoc?

És tot el model, o la seva absència, que traspua agressivitat. La mateixa que es va escolant cap a les conductes ciutadanes, cap als joves de moto amb tubarro per fer soroll, xandall agressiu, i casc mal col·locat.

L'agressivitat del ciment, del fum, de la conducta. Qui la capgirarà?

INAUGURACIÓ DEL CURS ESCOLAR 2006-2007 DE L'ESCOLA ELISABETH

Moltes gràcies per haver-me convidat a aquesta arrencada oficial del curs escolar 2006-2007. Gràcies per deixar-me compartir amb tots vosaltres un primer desig d'optimisme perquè estic convençut que aquest serà un gran curs per a tots plegats, grans i petits, alumnes, mestres i pares de l'Escola Elisabeth.

D'entrada, doncs, optimisme, que, parlant de comunitat educativa, em sembla que és un missatge que hem d'anar reforçant. Encara que sigui un optimisme aristotèlic. Aristòtil és qui deia que "tothom, per naturalesa, desitja saber", i si ara ho preguntéssim entre els mestres que ens acompanyen, segur que ens certificarien que els seus alumnes volen saber.

Volen saber quant falta per sortir al pati, quan és la setmana de l'esquí o què farà el Barça aquesta nit. Però saber, en definitiva.

Perquè des de fora, i deixant l'Elisabeth a banda, més aviat sembla que avui en dia ningú no vol saber res. No sé si ha canviat la naturalesa humana d'ençà d'Aristòtil, però més aviat sembla que "tothom, per naturalesa, desitja no saber": ni de què hem de viure, ni de què hem de morir.

Per tant, encara que pugui sonar contradictori: optimisme perquè el cuc de la curiositat encara tingui temps de moure's, entre videoconsoles i Internet.

De fet, per a mi l'Escola Elisabeth sempre ha tingut una aurèola d'escola diferent. I segur que la diferència és ara que aquest desig de descobrir sigui més viu que mai i que enlloc.

Tot i que, en benefici de les escoles i col·legis de Catalunya, aquest flux de coneixements entre professors i alumnes és el millor record que tenim quan ja ens mirem el pati i les aules de fora estant.

Si ara faig l'exercici de tancar els ulls i fer córrer la memòria pensant en la meva escola, el Torroja i Miret de Vila-seca, sóc capaç de veure encara la paperera darrere la qual em vaig passar la primera hora de *recreio* de pàrvuls, i des de l'allargada figura, gegantina, de la senyoreta Núria, de pàrvuls, em passen tots els dons i cursos de bàsica pel davant, Don Miguel, Don Fernando, Don Lázaro, el Sr. Roig, el Sr. Casas, el Sr. Carreté, la senyoreta Solé, que amb aquests títols, senyors i dons, no sabies mai si eres al mig del *Don Gil de las Calzas Verdes* o de *L'auca del senyor Esteve*.

La figura dels mestres, de l'exercici pedagògic que és tan important, que es projecta sobre cada un dels alumnes i que sovint no acabem de reconèixer prou. Hi ha un dietari, el de Joan Triadú, un dels símbols de la resistència cultural catalana de la postguerra, fundador de la revista *Ariel*, col·laborador de *Serra d'Or*, director de l'escola Thau, que també té un 18 d'octubre, el del 38, on explica que un inspector ha visitat l'escola i ha parlat bé d'ell: "què puc dir que sento?, es pregunta. L'alegria íntima, la satisfacció profunda que no surt a fora? No és el premi a nou mesos de treball, de compliment del deure?".

El cas és que a Vila-seca, dons o senyors, tots plegats eren bons mestres. I també es devien sentir examinats pels inspectors.

També és cert que aplicaven uns mètodes pedagògics un pèl allunyats del Sumerhill de l'Alexander Sutherland, i que a cops de regle ens preparaven també per a una vida feliç; era, és clar, una prova de la confiança radical en la naturalesa de cada infant de l'escola.

És clar que la meva era l'escola del final del franquisme, i la reflexió dels models pedagògics anava picant a la porta. Com també l'ensenyament del català. Justament l'Olga Xirinachs, que l'any passat va inaugurar el curs, va ser dels primers voluntaris de l'Òmnium Cultural que ens va impartir les primeres classes de català. I posats a parlar de les dones a qui segueixo en això d'inaugurar el curs, a la Marta Mata, que ha mort aquest any, la vaig poder conèixer; ella com a senadora a Madrid i jo ja com a periodista.

Però quan jo anava a l'escola, segur que els mestres ja tenien el neguit d'aquells que s'organitzaven al voltant de les idees de la Rosa Sensat; d'altres havien reflexionat sobre Montesori o sobre Neill, i havien pensat fins i tot en el valor terapèutic que pot tenir l'escola en un clima de llibertat i d'amor. La renovació de l'escola, l'herència de la feina dels mestres de la República, les escoles d'estiu es plantejaven un canvi, que havia de començar a través d'escoles privades com l'Elisabeth, que buscaven aire per respirar enmig del que havia sigut una etapa asfixiant de control ideològic del franquisme.

Gràcies també a l'esforç cooperatiu dels pares de l'Elisabeth, el model servia de mirall per a altres centres escolars de la nostra zona.

Els meus nebots, Eloi, Xavier, Elisabet, que hi van passar primer, amb una excel·lent formació i records, i el Daniel, que hi és ara, ja et donaven, et dóna, una molt bona vibració, una mostra a casa que les coses han evolucionat en positiu. Fins i tot la construcció física, l'espai docent, les aules eren tan diferents a aquelles altres adotzenades a les quals anava jo que pensaves segur que aprenen més.

Només us diré que Daniel en sec em parlava de bits. Per això m'he atrevit a anomenar d'entrada Aristòtil, si no de què?, i m'explicava que havia passat de la classe dels ossos a la del llapis, dels estels a l'univers... i tantes altres que no recordo.

És clar que amb el pas del temps, aquelles idees de Neill, que partien de l'abolició de l'autoritat i de la coacció externa, i l'autogestió assembleària, també han hagut de patir el contrast de la pràctica quotidiana, de l'experiència.

Gairebé com si ens marqués el ritme un pèndol, l'escola sembla haver passat d'una època repressora a una altra excessivament laxa, amb una actitud per part de molts pares despreocupada en excés, i desertant del seu paper d'educadors.

Un estudi del Departament de Sociologia de la Universitat del País Basc que publicava la premsa a començaments d'any afirmava que un dels problemes és que l'escola demana als estudiants disciplina, esforç, autocontrol i un "conjunt de capacitats que remeten a uns VALORS DEVALUATS en el context actual" i que "contradiuen obertament els valors que els estudiants perceben que funcionen fora de l'escola".

I en aquest mateix estudi, que no és el cas de l'Elisabeth, però que sí que sembla que està força estès, hi apareixia una queixa de molts docents: la relació que tenen amb les famílies. Els professors es queixen de l'excessiva "permissivitat i proteccionisme" que tenen les famílies en l'educació dels fills.

L'altre dia a la ràdio, Joel Joan ens deia que actualment hi ha pares que més que pares semblen mànagers dels seus fills, entre dur-los a futbol, anglès, música...

És cert que en aquests anys les notícies que recullen els mitjans de comunicació quan han de parlar de l'escola, al marge dels barracons i la sisena hora, generen un cert neguit.

Potser podríem salvar el Pacte Nacional per l'Educació, que en aquest cas és de les notícies bones, o més positives, que han aparegut als mitjans.

Estem més acostumats ja a veure'n de negatives: que si llistats, i rànquings, on apareixem a la cua d'Europa, en nivells d'Ensenyament, o dalt de tot, però si parlem de fracàs. Poc domini de coneixements matemàtics, però també poques habilitats de domini lingüístic.

És fracàs però té els seus moments bons, com la sortida d'un alumne d'ESO que a la pregunta en un examen "què és un ecosistema?" respòn que "és una ecografia del sistema solar".

O que "el Culteranismo es un movimiento histórico que cuenta que los Papas de un lugar se reunieron para que las gentes de allí tuvieran más cultura". I L'Empar Fernández i la Judit Pujadó, que són les que les han recollides al llibre *Planeta ESO*, postil·len que "si hem de jutjar pel que afirma aquest alumne podria comparar-se a la feina de les AMPA als instituts".

I si no ja l'altre gran focus noticiable que tenim és el del fenomen de la violència a les aules, a les escoles, que sense arribar a Oaxaca posa la pell de gallina. *Bullying* (assetjament escolar): un 14,5% d'alumnes espanyols de secundària declara haver estat víctima d'algun tipus de violència al centre escolar, segons un estudi d'octubre del 2005, "Violència entre companys", del centre Reina Sofia de València.

I segons dades del sindicat ANPE, un 24% de mestres diu que pateix amenaces verbals dels estudiants, i un 4% ha estat agredit físicament, la qual cosa deu demostrar que la relació professor-alumne deu haver canviat força. I això si no parlem del polèmic i qüestionat informe Cisneros.

Però, és clar, aquests indicadors d'alarma de l'escola actual, són un bolet? O l'escola viu enmig d'una societat que canvia dia rere dia, que ha modificat els seus valors setmana rere setmana, que ha canviat estructures i models familiars, esquemes...? Hi ha un conte deliciós a l'últim llibre de Sergi Pàmies, *Si menges una llimona sense fer ganyotes*, on un nen implora als seus pares que se separin per poder ser com la resta dels seus companys d'escola.

Aquest és un canvi, però és que a més des del divertim-nos fins a morir que ha fet dels informatius de TV un espectacle fins als programes d'entreteniment, què transmet la TV? Supermodels? Anorèxies, *OT*, *Gran Hermanos*, *Supervivientes*... Un seguit de programes que com a únic valor, a més de la competitivitat de concurs, on tot està permès, és ser famós sense més ni més, només triomfa qui té popularitat.

Santi Garcia-Tornel Florensa, en un article de la revista del Col·legi de Doctors i Llicenciats en Filosofia i Lletres i en Ciències de Catalunya parla de la violència en la televisió:

"Actualment s'ha demostrat que la violència televisada augmenta la probabilitat de comportaments agressius i violents tant a curt com a llarg termini".

I "els programes informatius presenten imatges impactants sobre pobres, accidents, actes terroristes, desastres naturals i guerres, provoquen una insensibilització dels joves, que cada cop necessiten imatges violentes més gràfiques i freqüents per generar-los un sentiment de la mateixa intensitat."

I encara tenim la publicitat que abona uns models, i que fomenta el consum de forma impulsiva dels nostres adolescents.

I aquests personatges de la TV, més buits, banals en extrem, s'apoderen dels espais de preeminència dels mitjans, fins i tot dels públics.

No és que la TV sigui dolenta en si mateixa, podria ser una gran eina pedagògica i de democràcia, però en tot cas no la que veiem aquí.

I això incideix en les nostres escoles, en els nostres alumnes. Uns joves, uns adolescents que a més tenen un panorama de mitjans absolutament ampli i renovat. També és veritat que aviat no podrem culpar la tele de tots els mals, perquè a les nits a casa s'utilitza més l'ordinador personal que el televisor. Internet, els mòbils, els SMS, els iPod, els mp3, s'afegeixen a aquesta diversitat tan globalitzadora que afecta la socialització dels nostres adolescents.

Perquè, de fet, són ells qui reben un seguit d'informacions, són ells qui els han incorporat de manera habitual a la seva vida per la seva accessibilitat.

Internet té un impacte educatiu impressionant, i per això molts pares s'apressen a comprar ordinadors per als seus fills, però al mateix temps diu Santi Garcia que "també pot comportar una gran dispersió, una sensació de joc i de pèrdua de temps visitant pàgines que no corresponguin a temes d'interès".

A més, entre xats i fòrums i Messengers, Internet acaba substituint les relacions cara a cara, i pot promoure relacions superficials i enganyoses, però al mateix temps el cercle d'amics pot ser mundial.

Per no parlar de l'individualisme que comporta, i el seu impacte dins del nucli familiar.

Del telèfon, l'anunci que n'hi ha de pensats per a nanos de 6 anys és l'indicador que entre els adolescents ja és eina d'ús. La dependència que alguns joves en tenen fa que el major càstig ja sigui gairebé que els el retirin. Els missatges curts i el seu impacte en les normes ortogràfiques, pobresa de llenguatge i expressió, és un altre element de preocupació.

I parlem dels mitjans de comunicació, però també podríem parlar de polítics, ara que estem en plena campanya, i de gestions en tots els àmbits, amb l'esperança que l'actuació pública sigui també model de transmissió de valors, com a mínim els de l'honestedat i eficàcia, i els de pensar en el bé col·lectiu.

Quin panorama que tenim! Hi ha qui l'ha sintetitzat en una frase: "Els joves d'avui estimen el luxe, tenen manies i menyspreen l'autoritat. Contesten els seus pares, creuen les cames i tiranitzen els seus mestres".

Sabeu de qui és? Doncs no és d'un pensador actual, és d'un mestre d'Aristòtil: de Sòcrates.

És clar que amb aquesta cita descobrim que els problemes d'ara i el de l'educació i ensenyament dels grecs són els mateixos, i que, de fet, el temps no passa.

Però recuperem l'optimisme. El del filòsof José Antonio Marina, que al seu llibre *Aprendre a viure* s'oposa a una visió tràgica de l'educació, i abona la idea que ni els pares sols ni l'escola sola no poden educar. Sempre ha estat la societat qui ha educat a través d'ells.

I, en canvi, ara sembla que hagin d'educar contra la societat.

Marina diu que seria absurd pretendre una biografia per decret, però en una teoria educativa de la personalitat sembla que hi entren com a trets desitjables per qualsevol la intel·ligència, l'autonomia, la tenacitat, la capacitat d'estimar, el poder de recuperació davant del fracàs, l'energia per afrontar els problemes, la valentia, el sentit de l'humor, l'aptitud per gaudir amb les coses, la delicadesa, l'enteniment amb els altres, la creativitat, el sentit de la justícia... Ens sembla que una persona deprimida, espantadissa, agressiva, envejosa o malhumorada, incapaç d'estimar, trampejarà molt malament els tràngols de la vida.

Mobilitzar la societat civil, formar personalitats intel·ligents, afectives, que estiguin en condicions per tenir una vida feliç. Com diuen a l'Àfrica: per educar un nen cal la tribu sencera.

I em sembla que en bona part alguna d'aquestes idees, d'aquests conceptes optimistes i positius de l'ensenyament, amb una escola arrelada al seu entorn, sense donar l'esquena a la seva comunitat, la podríem trobar a l'Elisabeth.

Encarem, doncs, el curs amb optimisme, perquè com ha escrit Peter Handke, "tots ansiem des de petits tenir algú altre per poder ensenyar-li el nostre imperi". Esperem que sigui un imperi de coneixements!

AVELLANA *CONNECTION*

Quina collita!!! Gegantina. Les previsions diuen que aquest any a les comarques de Tarragona es recolliran unes trenta mil tones d'avellanes. Que és tant com dir una de les millors collites dels últims 12 anys. És d'entrada el doble del que es va plegar l'any passat. És clar, però, que en un sector abonat a la crisi just d'ençà que Europa es va unir a les nostres vides econòmiques, l'anunci d'una collita voluminosa no és senyal tan clar d'alegria com seria d'esperar.

D'entrada el gra de l'avellana que va caure, de manera precipitada, a les darreries d'agost, és massa petit. Un pèl escanyolit. El de la segona caiguda ja ha estat millor. Però el balanç de percentatge de gra entre clofolla farà que segurament la lliura vagi a la baixa.

A més, sobre el panorama avellaner hi pesa la tragèdia del terrible terratrèmol de Turquia, que ha fet dir als dirigents pagesos que temen que de retruc aquesta desgràcia faci moure les reserves de fruita seca d'aquest altre país, cosa que podria comportar repercussions negatives per al sector d'aquí.

L'avellana, el producte agrícola que millor ha definit la nostra terra els últims anys, és notícia aquest any per la bona collita. Mireu si ens defineix, que a Barcelona, i per extensió a Catalunya, s'ha arribat a penjar a un col·lectiu de companys que treballem als mitjans de comunicació (entre els quals m'he d'incloure) amb l'etiqueta de l'avellana *connection*, és a dir, la connexió de l'avellana. A la connexió, hi ha des de l'Andreu Buenafuente, l'Oriol i el Fermí, al Carles Francino, o el Josep Maria Martí i el Josep Maria Girona. Amb tot, de tots aquests, em sembla que sóc dels pocs que encara manté un contacte real amb l'avellana. He de confessar que m'agrada arrapar-me a a aquest calendari natural que significa l'assecament del floc i el despreniment de l'avellana. M'agrada comentar amb els pagesos de debò les diferències de collita a collita. La grandària del gra. Si ha anat millor el gironenc, la negreta o el poetet. Passar el rascle sota els arbres i sobretot omplir els sacs.

Encara em fan mal aquelles expressions que se sentien a tota la comarca, amb l'esclat de la crisi en el màxim grau, que era millor deixar-les a terra que no pas arreplegar-les. Que sortia més a compte.

És trist, és patètic veure com els embats de l'economia poden deixar perdre, a vegades, un fruit que és alguna cosa més que un fruit, que és ben bé un símbol d'identitat supracomarcal. Un producte típic, amb denominació de qualitat i que pot ser tan buscat i preuat com l'arròs del Delta, o les cireres del Baix Llobregat, o les anxoves de l'Escala.

Per què s'ha d'arribar a perdre? En tanta i tanta extensió, quan la natura s'entossudeix en regalar-nos-la.

¿Per què l'home i els seus desacords, les fronteres i els acords comercials de Brussel·les, ens han de canviar un paisatge que s'ha mogut durant molts anys sota el ritme de la caiguda suau, ara una i ara una altra, de les avellanes les tardes d'estiu? Hi ha alguna cosa que se m'escapa. Una més.

EL BATEC DE LA TERRA

Estic espantat que el fred no em mati les faves. D'ençà que les vaig sembrar, pel Pilar, he incorporat un nou neguit a la meva vida. De fet no és que sigui nou, és un neguit que també vaig tenir l'any passat, i la primera vegada que el meu pare em va ensenyar com ho havia de fer. És un neguit però també és una bufetada de vida. El ritme que em marca el creixement de la planta és ritme de vida. La flor, el fruit, la tavella. Poder-les collir i encara més cuinar-les i compartir-les amb la família o els amics. I qui diu les plantes, també i sobretot els avellaners, o els cirerers, els olivers, o els ceps, o les pruneres, o les figueres.

El meu contacte amb el camp no deixa de ser d'aficionat (no em puc considerar ni pagès a temps parcial), i està carregat de romanticisme. Segurament perquè no m'hi guanyo la vida veig l'ofici només amb bons ulls. Hi ha una idea que m'obsessiona i que va lligada amb tot el que té a veure amb la pagesia. El seguiment d'un cicle natural. Això que us deia dels arbres i les plantes. En un món de preeminença urbana, la gran lliçó del camp és que encara marca el ritme intern del planeta Terra. Per molts experiments científics, per molt que avanci també la investigació en el camp de la genètica, i en la seva aplicació en els aliments, i en les llavors, encara és en el camp on podem trobar l'única lliçó de vida.

Però al costat d'aquesta idea obsessiva, n'hi tinc una altra: és en la pagesia on es concentra una saviesa i uns coneixements populars (des dels cicles de la lluna fins als càlculs de superfícies dels terrenys, passant per la distinció d'herbicides o adobs) que van desapareixent amb els pagesos. És gairebé com un rellotge d'arena, o com voler omplir un cistell de vímet d'aigua: s'escola, es perd. I tot això enmig de la indiferència d'una societat que confon les claus del progrés i que paga a preu d'or la gana i les mancances que tots plegats tindrem demà. I em fa ràbia i em fa por no sentir el batec de la terra.

A L'AIGUA I AL VENT NO FIÏS TON ARGENT

Escrits de l'activitat política

LA CINTURA DE PUJOL

No sé si tots els membres de CiU que van participar en l'acte de presentació del seu programa en matèria esportiva haurien donat positiu en el control antidopatge de la cursa electoral. Més aviat semblava que el necessitessin. L'acte es va fer en una sala de petit format, damunt del Pedralbes Center, però amb butaca de cinema doblat al català. Una pista per a esprintadors més que per corredors de fons. Encara que qui va donar més força positiva va ser Jordi Pujol, que va arribar tard per culpa de Bàrbara Forès, un dels bons vins que es fan a la Terra Alta, que aquella mateixa tarda es presentava a Barcelona. Força per fer broma sobre el lapsus de memòria que acabava de tenir la seva dona al mateix acte. Marta Ferrusola, que té la mà trencada en això dels esports de risc (de fet hi té els lligaments de la cama), sap que Xavier Trias és un candidat magnífic, i que a la Cambra Alta hi va un home "estupendo", encara que "a vegades em passa... ara no em surt el seu nom". Es diu Sixte, com el gran *mesón* de Madrid. Després d'això només Pujol podia pujar al pòdium parodiant la Marta i simulant que no recordava el nom d'aquella dona que tenia asseguda al davant en una butaca de sala de cine. Vam riure tots. El Sant Pare Pichi Alonso inclòs, i Urruti-t'estimo, i Massip, i Fusté, també lesionat. Allò sol ja justifica la incorporació avançada a la cursa de CiU d'un home que va confessar que s'emociona quan veu Servià a la tele, no sé si amb aquells segadors cantats *a capella* de fons. Pujol ha sortit a la pista per fer de llebrer d'un Trias que va arribar cansat, però content, de l'Àgora. Un Xavier Trias que no es cansa d'explicar, encara que ho sembli, que serà decisiu. Que ja pensa en el dia 13 i en els 16 diputats que han de forçar que tinguem seleccions catalanes i que Catalunya sigui un país de primera fila.

Dels de primera fila, no en recordo els noms, però això sí, feien tots unes flexions per rebaixar cintura. "Perquè quan es va gras es rebaixen els impostos", segons va certificar Pujol. És clar que potser el que caldrà és cintura per quan després del 12 s'hagi de negociar el calendari de la competició. En fi, molt d'esport, molt de seleccions, però al final ni Pujol ni Trias no van dir res ni de la samarreta, ni de com han de sonar els Segadors a Montjuïc.

RESISTEIX, GALÍCIA!

Per Internet corren les "perles" que han anat pronunciant dia a dia els diferents responsables del Govern central i de la Xunta sobre la desfeta del *Prestige*. Des de Fraga fins a Rajoy, i des de Cañete fins a "guarda-Aznar", com si fossin els punts cardinals del disbarat. Amb l'Álvarez Cascos i l'estirabot contra els socialistes pels GAL com a nord magnètic. Una llista que s'assembla molt a aquestes altres de les pífies dels estudiants als exàmens de revàlida.

Doncs mira, la revàlida se'ls ha girat en contra. Ells la van recuperar i ara han hagut d'acabar entenent, Rajoy per exemple, que el fet que el fuel es pogués solidificar a tres mil set-cents metres sota l'aigua no volia dir que guanyés densitat. El suro també és sòlid, però és menys dens i, per tant, sura.

No cal insistir gaire tampoc en aquest joc de despropòsits, que no seria res si no fos que el fuel del *Prestige* va sortint i va empastifant un perfil de costa que sempre ens ha enviat els seus ambaixadors a taula.

Aquesta és la tossuda realitat que ve amb les onades que piquen tant sobre les roques desertes que dibuixava Terenci, com sobre les platges positivades amb l'exèrcit de voluntaris o el de professionals que netegen la boca als polítics.

I la realitat és tossuda i fuig de la realitat virtual que construeixen els mitjans de comunicació, i la televisió especialment. Entre els teòrics que ens han fet veure que segons com s'utilitzi la televisió les coses no cal que passin, sinó que només cal que ho sembli, hi ha Neil Postman, l'americà que va escriure *Divertim-nos fins a morir*. Potser entre les realitats que no es poden disfressar hi ha les marees negres.

Mira que costa d'acceptar un error. L'Aznar ho ha mig fet aquesta setmana també a través de la mateixa televisió que no pot amagar la catàstrofe. Gestos que arriben tard (sopars de Nadal anul·lats), solidaritats programades a destemps. Allò, que també semblen paraules gastades, que el carrer va per una banda i que l'aparell parlamentari o els polítics van a remolc, també sembla que s'ha enquistat aquesta vegada a Galícia. La resposta de voluntaris que han anat des del primer dia i des del pont de la Puríssima Constitució especialment, ha sigut tota una resposta d'actuació.

La Generalitat organitza també a través del 900 300 500 (de 9 h a 18 h) desplaçaments de voluntaris, per una campanya de suport que es preveu llarga. I per Internet corren també veus desesperades que recorden que Seur envia gratuïtament a Galícia tot allò que sigui per lluitar contra la marea. I posats a córrer, l'última és un virus informàtic que duu el nom de Prestige, i que anuncia fotos inèdites. Gairebé només queda enviar-los el missatge de resistència que aquests dies llança també des de l'escenari del Romea la *show-woman* argentina Cecilia Rossetto. Fa un espectacle de la seva resistència personal i de la dels argentins. Resisteix, Galícia!

IMPORTEM EL MÈTODE MENEM!

Menem ha escoltat la veu de les enquestes, perquè la de la seva consciència deu estar afònica, i ha abandonat la cursa electoral que l'havia de fer passar per les urnes en un veritable cara a cara amb Néstor Kirchner. Però com si es tractés d'un combat de boxa, la victòria tècnica ja deixa com a nou president argentí al cap del Frente para la Victoria. Tot i que centenars de seguidors de Menem han plorat aquesta renúncia, segur que també hi ha una bona part d'argentins que es deuen haver sentit alleujats que l'ombra de Facundo Quiroga no torni a passar per la Casa Rosada.

A Menem el vaig entrevistar. No ara, sinó l'any 89. Ja era president electe, i una revolta del *pan* va precipitar que se n'anés Alfonsín, i que Menem comencés a fer de les seves. Hi havia il·lusió i confiança en la seva persona, en les seves patilles, però la va acabar malbaratant tota, fins el punt que la gent ja ni gosava pronunciar correctament el seu nom, per si era això el que duia mala sort. Méndez, li deien.

S'ho estalviaran, tot i que també hi ha qui diu que això de subvertir el joc electoral en funció de com bufen les enquestes és un flac favor a la democràcia.

Amb tot aplana el camí al contrincant. Parlant d'eleccions, d'aquestes d'ara, les del Barça. També hi ha un procés semblant. D'aquest panorama que s'acosta a la màxima de cada soci, un president, els pròxims dies anirem passant a un panorama més aclarit. Fins al punt que ja no saps si hi ha gent que promou candidatures per garantir-se un lloc en la d'un altre presidenciable que les enquestes donin com a possible president.

Home, sí que és un club esportiu, però aquesta alegria de candidats, amb alguns personatges que semblen haver sortit d'algun sainet o comèdia, o de *L'escola de dones* de Molière, que aquests dies fan al TNC amb Lluís Homar al capdavant, sense anar més lluny. El candidat Joaquim Clusells, que va proposar que deixaria visitar els vestidors perquè les dones dels socis puguin veure Kluivert a la dutxa, podria haver sortit de la ploma del gran dramaturg.

És clar que molts d'aquests agafaran el mètode Menem, però directament i per recol·locar-se. Perquè tal com va reaccionar Kirchner al saber que no tenia rival, i encara que tots siguin peronistes, no sembla que Menem pugui passar a ser ministre d'Hisenda, per exemple.

I parlant d'eleccions, amb les municipals al davant, no sé si funcionaria el mètode Menem, ni si seria prou just. De fet aquí s'espera a saber què diuen les urnes per pactar després. (Un mètode més perfeccionat que en el cas del Barça).

Aquesta vegada també hi ha qui comença a qüestionar la durada de la campanya, i la despesa que comporta. Sobretot després de saber que un vuitanta per cent dels electors ja té una decisió presa abans que es posin en marxa les caravanes electorals.

Jo gairebé qüestionaria els escenaris de trobada amb el poble. La ruta de les parades de mercat i les visites a la Mina, sumades amb algun aplec popular, i una llotja de peix, reuneixen uns ciutadans-actors que ja podrien formar una companyia estable. Com aquells actors que es llogaven per donar família a qui no en té.

El millor d'aquestes municipals és que la reflexió anirà amenitzada pel Primavera Sound 2003. La podrem fer amb Mogwai, o amb Sonic Youth, i encara el dia abans amb els Yo La Tengo, o els Arab Strap.

Potser encara seríem a temps de repescar Menem, a alguna de les eleccions que hi ha en dansa. El festival està garantit.

NO A LA GUERRA, DE XIFRES

Déu n'hi do de les coses que s'han mogut reunint només un milió i mig de persones als carrers de Barcelona, i uns quants milers més a les ciutats d'arreu de Catalunya, i d'altres punts de l'Estat.

Tots aquells que sempre han dit que les manifestacions són testimonials, que no serveixen per a res, deuen haver baixat escales avall i deuen haver corregut cap a la plaça Tetuan per donar una empenteta més a la bola que s'ha format.

Això de dissabte passat ha servit, i sense que els organitzadors ho haguessin previst, per proclamar la república, per donar sentit al Fòrum de les Cultures i perquè Kluivert tornés a marcar després d'una llarga sequera de gols.

Com ha canviat tot! Jebb Bush va portar els aires de canvi a la Moncloa i el taló dels beneficis de l'adhesió infrangible d'Aznar a la branca del bé. Llàstima que dimecres, posat a proclamar, no sortís al balcó del Palau de la Generalitat, i a la tercera fos la vençuda.

Però, vaja, ha sigut més clar que no pas tots aquells que coneixen les claus del conflicte de l'Iraq i que diuen que no és el petroli el que està en qüestió. Hi ha beneficis a repartir, això està clar.

La manifestació ha servit a més per desbordar la gent de Contrastant, aquest equip de professors de secundària que s'ha fet famós per les seves "fotos finish" dels actes de masses (per bé que intenten estendre el rigor a molts àmbits, tal com expliquen al seu web), que combaten la son comptant manifestants per comptes d'ovelles i que han esdevingut la quarta via (a més de les xifres que donen els organitzadors, la guàrdia urbana i la Delegació de Valdecasas).

La manifestació va servir també per forçar Aznar a mirar cap a Europa, just quan es disposa a passar el cap de setmana al *rancho* de Bush. Si més no, va treure davant dels diputats els papers del Consell Europeu per resituar-se després de la cridòria ciutadana. Ja és un efecte.

La manifestació va servir perquè la gent sortís amb pancartes improvisades on es va poder veure l'enginy lingüístic. Màrius Serra, que acaba de reeditar el seu primer *Manual d'enigmística*, va detectar un "Terror is me". El text acompanyava una imatge de Bush, i el terror, per tant, era el president dels USA. Però si es llegeix tot seguit, i en català, tenim *terrorisme*.

Que es despertés la ciutadania ha servit també per despertar els jugadors del Barça, que es van cruspir un Espanyol que ja es veia el derbi al sac, i que sobretot ha fet despertar Kluivert, que va marcar un golet a l'Inter de Cúper.

Del final de la manifestació és també l'última actuació de Comediants, amb Joan Font a l'escenari, abans de la suspensió de pagaments de la companyia. I aquí sí que també podem parlar d'un dany col·lateral dels atemptats de l'11 de setembre, que han paralitzat l'activitat internacional de la companyia, a més d'alguna enxampada i engany econonòmic.

Però si alguna cosa ha fet moure aquesta manifestació és això del Fòrum 2004. Hi ha qui ha vist que aquest perfil pacifista i mobilitzador de la ciutat de Barcelona dóna ales a tots els que han decidit que això sigui un Port Aventura de la pau.

I si fins ara ja teníem una cascada de conferències, taules rodones, trobades multiculturals i multireligioses, ara ja es pot començar a planificar un fòrum multimanifestat.

Per això els arquitectes han dissenyat aquesta megaplaça: perquè s'hi puguin fer manifestacions cada dia. I no una, les que convinguin. A més una plaça és un espai que serà més controlable que no pas el passeig de Gràcia. Les manifestacions, que ja són de per si multixifrades, podran ser una via més de conciliació de postures. Que es creï un cos comptable amb un membre de cada una de les fonts que diu quanta gent es manifesta, i que es doni una sola xifra, i consensuada.

Així, bastint la veritat farem també possible la pau. Si més no s'haurà acabat la guerra de xifres.

LA LITÚRGIA DE LA POLÍTICA

Aquest dilluns, mentre a Madrid no hi havia manera que tots els partits es posessin d'acord en si l'efecte de la naftalina ha servit per evitar que se'ns mengin les arnes tots aquests anys, a Barcelona s'homenatjava Miquel Roca i Jordi Solé Tura.

Mentre a l'acte en memòria dels lluitadors antifranquistes al *foro*, el PP feia mutis, a l'ajuntament de Barcelona al voltant de les medalles d'or es concentraven els possibles presidents de la Generalitat i tot el vesper polític.

L'estètica que tant ens domina feia possible un acte més difícil de dur a terme a la capital de l'Estat. Bé, és cert que sota la bandera de la Constitució i el seu aniversari sí que hi ha hagut la foto que ha sabut asseure els pares de la pàtria, però en un moment com aquest en què socialistes i convergents es disputen la trona presidencial, veure tanta harmonia ens trasllada a Florència.

A Miquel Roca sempre li ha plagut això dels aires florentins en la política, i va fer servir la seva amistat amb Narcís Serra perquè li fes de presentador.

Jordi Solé Tura, esquiador de fons, va tenir el catedràtic de la Universitat de Barcelona, el professor Aja, com a avalador. Després van parlar els homenatjats i després, un cop ja duien les medalles, l'alcalde Clos. Quin millor dia que el de Sant Eloi, patró dels joiers, per repartir medalles d'or?

Ara feia dies que no anava al teatre, si salvem l'estrena de *Wit* a Reus, i l'últim Peter Brook al Temporada Alta de Girona, i la cerimònia d'aquest dilluns em restituïa el gust per l'escenificació. El gust de la representació. Miquel Roca, agraït, va cantar les lloances d'aquesta Barcelona, capital de la llibertat, i Solé Tura deia que la medalla era de tots els que van lluitar contra la dictadura a favor de la democràcia. Solé Tura, que confessa que té una edat i estatus que li permet dir el que pensa sense embuts, va etzibar més d'una atzagaiada al PP, i Josep Piqué es va sentir molest. Una dramatúrgia gairebé pròpia de Daulte, l'argentí revelació que hipnotitza tothom que passa aquests dies per l'Espai Lliure amb els *4Dòptic*.

Allà es juga amb la realitat que vivim i la virtualitat. Al Saló de Cent se'ns dibuixava un joc gairebé virtual també. Es parlava d'una eina, la Constitució del 78, que els homenatjats ja troben que s'hauria d'anar ajustant als temps que han canviat, però que qui té la majoria a Madrid preserva com si fos la cuixa de Ronaldinho.

Vaig tenir l'oportunitat de conèixer, durant un seguit d'anys a Madrid, tant Miquel Roca, quan era el president del Grup Català al Congrés dels Diputats, com Jordi Solé Tura quan el van coronar ministre. Per tant, ja feia anys d'aquella gestació constitucional que ara se celebra. Però els vaig poder veure en acció, gràcies a aquelles regles del joc que s'havien fixat. Són d'aquests polítics de raça que trobem tant a faltar en el present real.

És clar que el moment i l'interès pels moviments polítics és bo, i a l'acabar la "funció" uns i altres donaven governs i pactes per tancats, amb la idea clara que d'entrada ja hi ha un president d'ERC: el del Parlament.

EL BENEFICI DE LA FOTO

Aquesta guerra que ens passa pel cap, en tots els sentits, també el físic, ha acabat trasbalsant-ho tot. Mai s'havia vist una resposta ciutadana de repulsa d'una actitud de tossuderia per part del govern central. Una resposta que s'ha extralimitat en les protestes de Reus que van donar la volta al món. L'agressió que va patir Alberto Fernández Díaz al Centre de Lectura depassa qualsevol mínim de civilitat democràtica, això és evident. Però és que després la utilització que n'ha fet el mateix Partit Popular, amb TVE de mascaró de proa, l'aguditza molt més. El que és una bretolada va servir per obrir els *telediarios* per tot Espanya, i ha donat la volta al món. Fins la cadena musulmana Al-Jazzira les ha arribat a emetre. Els uns per ensenyar com la protesta ciutadana contra la guerra ha convertit en màrtirs els regidors del PP, molts dels quals van plegant dels seus càrrecs en desacord amb el suport d'Aznar a Bush, i els altres per ensenyar aquest grau de descontentament.

De fet Barcelona, i Catalunya per extensió, han estat en boca de Bush pare com a lloc on el soroll de la protesta no havia de fer plegar Bush fill de les seves intencions.

Això ja gairebé s'escapa de qualsevol raó de geopolítica i sembla més un arranjament de comptes amb aquest dictador que en el seu moment va ser titella dels EEUU.

Saddam Hussein és aquesta joguina sortida de *La Generala*. Un personatge d'opereta o de sarsuela que va cap on el volen fer anar. Però la titella de la sarsuela, que s'havia fet a Vila-seca amb tant d'encert (ara el Tricicle l'ha recuperat, i després d'una preestrena al Fortuny de Reus, farà temporada a Barcelona), s'ha rebel·lat, i ha plantat cara a la maquinària que havia de fer una incursió quirúrgica a l'Iraq.

Ja n'és de quirúrgica, perquè la gent no para de fer cua omplint hospitals.

D'aquesta barbàrie se n'havien de derivar molts beneficis, ens ho va venir a prometre el republicà Jebb Bush. Va dir que els veuríem ben aviat. Però per on passa aquest benefici? Què faran, ens trauran la xemeneia de la Basf, que atempta amb el seu impacte visual contra el nostre futur? Ens ompliran els hotels de gent que no pot anar enlloc? O refaran Vandellòs amb el Citer, aquest centre que es diputa França i la resta de països europeus que volen investigar noves energies? Tindrem benzina de franc?

Potser no serà res de tot això, potser el benefici clar i directe que ens quedarà serà la capacitat de convocatòria pacifista que pot tenir un efecte transformador en la correlació de forces actuals i que pot acabar passant factura a un Aznar entossudit a ser a la foto dels líders mundials encara que sigui l'última cosa que faci.

L'ESTATUT HURAKAN

Proposo que l'Estatut, el nou Estatut de Catalunya, aquest que no sabem com quedarà després que hagi passat per Madrid, el rebategin com a Estatut Hurakan Condor. Sí, en atenció a Port Aventura, complex lúdic decretat d'interès general, que ara ha fet deu anys. I concretament perquè aquesta és l'última atracció que han inaugurat. És la de la caiguda lliure, la que fa agafar una sensació de vertigen en acceleració de fins a 200 km/h. Dic això per si fem cas de la reacció que ha provocat el text a Madrid, entre els militars. Mai fins ara el cap de la cúpula militar, el general Félix Sanz, s'havia ficat en política, però en el cas de l'Estatut sí, ha tornat a treure la unitat.

Però qui diu res d'unitat? Doncs ara sí, ara des de tot arreu cou, es remou la terra i s'esveren sensibilitats. La gent s'aboca a dir que no. No a què? No ho saben ben bé, però els baròmetres i les enquestes diuen que l'Estatut no els agrada. És allò del "por si acaso". És l'efecte de la clàusula Camps, aquesta del president valencià, que reclama tot el que els altres puguin tenir de més.

Tothom ho dóna tot per inamovible. La Constitució, que se suposa que ha de tenir lectures flexibles, ha de servir perquè aquí no es mogui ningú a un ritme diferent del que sona des del 79. Home, també s'entén, perquè la tele està plena de *revivals* dels 80; doncs què menys que si es fa un Estatut nou, sigui per rememorar el d'aquella època.

Quin contrast hi ha entre l'alegria desbordada dels polítics catalans, i la reacció tan despietada que hi ha hagut a la resta de l'Estat!

També hi ha hagut la proposta de Joan de Sagarra a *La Vanguardia* que l'Estatut sigui el de la Gallina, perquè es va desencallar tot gràcies a una truita de dos ous que l'Ernest Maragall va fer a Cesc Homs, el representant de CiU en les negociacions.

Doncs de la Gallina, a l'Hurakan, que et té tres segons en suspensió, fins que tornes a tocar de peus a terra. Et desestressa, et provoca una descàrrega d'adrenalina brutal i t'inunda d'alegria... És clar que com que anem de cara al panellet, i el debat de l'Estatut serà en ple novembre, i vista la por que fan les propostes catalanes potser que pensem en el Halloween com a nom més escaient.

COMPETÈNCIA ELECTORAL

Almunia hauria de pensar seriosament dur al Tribunal de la Competència l'atorgament de la nova llicència de mòbils i totes les ofertes electorals que ha presentat Aznar aquests dies de campanya. ¿Qui si no ha estirat les orelles a Villalonga?

Aquesta nit s'acaba la campanya més telefònica de tota la democràcia, i m'estranya que a tots els partits, sense excepció, els hagi passat per alt una iniciativa que segur que els podria fer sumar unes quantes adhesions. L'exposo, per si hi ha algú que s'ho repensa i encara és a temps d'oferir-la abans d'aquesta mitjanit. És una idea Blair, d'aquestes de tercera via. I és certa per inversemblant que sembli. El govern britànic repartirà, a partir del 3 d'abril, milers de telèfons mòbils, i també cercapersones, entre els aturats més joves per informar-los de les ofertes de feina que vagin sortint. Aquests sí que estan lliures i no el Chaval de la Peca. ¿I això ha passat per alt als assessors de campanya d'Aznar, tenint com té la clarividència de Telefónica, i amb l'Abel Matutes, que cada dia parlava amb els metges de Pinochet? ¿O és que la quarta llicència de telefonia mòbil que pot atorgar avui el consell d'administració de la Moncloa, que diria Felipe González, servirà per a això? Potser ja estem davant la 3a o la 4a revolució del *Che patatero*. Si l'Aznar ho fa, l'Almunia ja pot anar amb la milonga al Tribunal de la Competència: ofertes a última hora! Ara encara resultarà que quan Cuevas va esbroncar Almunia per no tenir els "plans clars" ja sabia que el Tribunal de la Competència talla més el bacallà que la Junta Electoral. Mira la multa de Telefónica! Pobre Villalonga! Ja van fer bé de donar-li les *stock-options*. Si no, no podria pagar la multa. Sort que als del Liceu, o als de Vandellòs I, o a l'Ansón, que va manegar en això de Miss España, no els han deixat en mans del Tribunal de la Competència, perquè no ho haurien explicat.

Aquesta ha estat la campanya de la telefonia. Vam començar amb la multimilionària distribució de les *stock-options*, i ara s'acabarà amb una quarta llicència per als mòbils. Almunia i Frutos, que aquest migdia encara intentaran fer-se un forat al cor de la premsa, intueixen que els nous mòbils seran per als amics de Jose Mari. Home, no serà per a Puigcercós, per molt que vagi venent el *kit* "mans lliures". Encara que si la vol sempre podrà recórrer al Tribunal de la Defensa de la Competència Electoral, o enviar una altra carta als Reis.

CRIDANT LA GENT S'ENTÉN

Ara que l'Aznar se'n va, no sé si querellat del tot, o a mitges, sembla que es tornen a remoure els mateixos fantasmes electorals de sempre. Catalunya i els catalans, que som "pitjors que els bascos" (ja s'encarrega de pregonar-ho Jiménez Losantos), acabem sent la balança definitiva que dóna majories absolutes, o fa caure governs. La desconfiança estructural, que vol fer parlar Pujol *"enano habla castellano"*, quan es tracta d'acabar amb les ampolles d'oxigen del felipisme, o ara amb Carod-Rovira, quan sembla que a Rajoy no li caldrà fer campanya electoral per respirar absolutament tranquil.

A veure, entenguem-nos: no és que no hagi de fer campanya electoral, és que ja ha començat amb tota la força imaginable, i amb la cavalleria organitzada amb les exclusives de l'*ABC*, i la informació embargada fins que torni a ser necessària una mica més de llenya per atiar el foc dels odis.

Aquesta setmana he anat a la Fira de Turisme, Fitur, que es fa a Madrid, i vaig poder comprovar que tornarem a necessitar una campanya d'aquelles de "Catalunya tierra de acogida" si volem recuperar la fràgil línia de simpatia de la resta de l'Estat.

És clar que en funció de les exclusives periodistico-policials que es vagin publicant aquests dies potser ni donant acollida als amenaçats per ETA aconseguirem equilibrar la balança de pagaments d'amistat.

Qualsevol dia deuran sortir fotos, gravacions, contingut, i per cinc euros més fins el DVD, de la trobada secreta de Carod-Rovira i de Renyer amb els dirigents etarres.

Del que es tracta és de treure rendiment a tota la maquinària de l'Estat en benefici partidista. Si sembla que qui tingués el contacte amb Antza i Ternera hagi estat el dialogant Aznar!

Però és clar, això de dialogar, ell ho mesura molt bé. Amb Gadaffi sí, amb ETA no. Aznar ha sabut administrar bé aquesta informació privilegiada que li passen els serveis d'intel·ligència de l'Estat, fins al punt de difondre-la just el dia que a Madrid començava el Congrés de les Víctimes del Terrorisme. Tot s'instrumentalitza, el diàleg, la pau, la mort.

La campanya d'insults no s'ha fet esperar, tot l'abecedari en ple contra el "indeseable hermano de Apeles", i darrere d'ell, el tripartit, Catalunya i, és clar, Zapatero.

Ja se'n deu penedir d'haver sortit al balcó de la plaça Sant Jaume, entre Maragall i Carod, perquè aquesta setmana s'ha vist més que la Pantoja de Puerto Rico.

Vistes les coses, la sortida de Carod com a cap de llista d'ERC a les generals, també sembla una bona rèplica. Si el PP n'ha de treure rèdit, de la trobada secreta, que també en tregui ERC, que és qui hi va anar. I està clar que la missió pacificadora de Carod hauria d'haver tingut tot un altre procés, totes unes altres formes. Caldrà veure ara si, salvades les formes, i en funció del que es vagi difonent, aclarim també el fons. I posats a triar l'eslògan, per comptes del monàrquic "parlant la gent s'entén" potser valdria més agafar el pastorívol, "cridant la gent s'entén". Tornarem a ser, doncs, eina electoral a Madrid, com passa sistemàticament.

Llàstima. Vist des de fora sembla que el Govern tripartit hagi de necessitar tots els esforços i atencions prioritàries, abans que ens dediquem (cosa lloable) a resoldre el problema basc. O en tot cas, tal com va dir el president Maragall, ja que Catalunya vol jugar un paper conciliador, que sigui de manera que no faci trontollar el seu Govern, i amb altres mediadors que no els seus caps més importants.

EL DOGMA

Mentre Pinochet volava cap a Xile, la sociòloga xilena Marta Harnecker a Sant Feliu del Llobregat feia volar la imaginació per intentar fer possible l'impossible. No sé si somniar que es jutgi el dictador, ella que va haver de fugir de les seves urpes. L'autora del catecisme marxista dels setanta, *Los conceptos elementales del materialismo histórico*, ja no s'assembla tant a Jane Fonda com abans, potser perquè també les seves idees s'han adaptat als nous temps. La responsable d'aquell catecisme, que va permetre a molts fardar que ho sabien tot del marxisme sense haver llegit Marx, ara diu que allò era un "librito". Què vol dir un *librito*? Allò era la doctrina iniciàtica. Allí entre el seguit de preguntes que servien per aprendre't cada capítol es qüestionava per què l'aventurisme polític frena el procés revolucionari. Ni Jordi Solé Tura, ni Jordi Borja, ni Paco Frutos, ni Luchetti li haurien pogut respondre dijous passat. A l'Ateneu Santfeliuenc hi havia Rafel Ribó i Francesc Baltasar que, amb el regidor Àngel Merino, presentaven l'últim llibre de Harnecker: *La izquierda en el umbral del siglo XXI*. No hi havia en Joan Saura, però a l'entrar podies recollir, naturalment, els seus deu manaments. Són les deu raons per votar Iniciativa escrites amb aquestes paraules que s'ha apropiat la dreta. Fins i tot la paraula *revolució*, els ha pres l'Aznar. En boca de Marta va sortir el Che, però no el Che *patatero*, el de la 2a revolució fiscal. Va sortir el Che que deia que "l'esquerra lluita més entre ella que contra l'enemic".

Però això ha canviat ara que Julio "Anguila" reposa. Encara queden arestes, si més no a Catalunya, però, vaja, en una sala on la moqueta era a les parets i no a terra, Ribó només va discrepar sobre Cuba i Duckeck, i sobre les mobilitzacions corporativistes. Harnecker va recordar que ella havia sigut una militant 24 hores, com aquestes eines del capital, els caixers automàtics. I que quan era jove trobava que els que ballaven o es divertien traïen la revolució. Ja no pensa així: al seu nou llibre assegura que l'opi del poble són les telenovel·les. I ella segueix somniant l'impossible: "prendre el cel a l'assalt". Només faltava combregar.

EL LLOC DE CADA COSA

No era al guió, i tot el que surt de guió sembla que al Govern de Madrid no els agrada. La síndrome dels Goya s'ha anat estenent a altres àmbits de la cultura, com a la brillant Barcelona Fashion Week, i la ministra Pilar del Castillo no està tranquil·la cada vegada que ha d'assistir a un acte públic, fins i tot als actes on hi ha actors que el PP ha promocionat, com lamenta la premsa del règim.

Ai, la fidelitat trencada! Ai, la protesta orquestrada! Tant se val que sigui *chapatote*, com la guerra d'Iraq, el Govern nerviós d'Aznar, troba que darrere hi ha "batasunos" o una conxorxa de l'oposició.

I mira que és curiós, perquè des de fora sembla més aviat que és l'oposició, Zapatero o Llamazares, la que es va sumant a corre-cuita a iniciatives ciutadanes, com la denúncia de la gestió de la crisi del *Prestige*, o la protesta dels actors, dissenyadors i models en contra de la guerra.

És dur, però no és nou. Massa temps de majoria absoluta fa que es perdi això del contrast d'opinions, el debat serè, l'intercanvi d'idees.

Tot el que pugui sortir de l'oposició ha de tenir, suposa qui mana, l'ànim destructiu i laminador. Costa molt d'acceptar la crítica, i no s'acaba de trobar mai l'àmbit adequat. La queixa no es pot fer ni a la gala dels Goya, ni al Congrés dels Diputats, ni a una plataforma de ressò internacional com la passarel·la Gaudí. I la manifestació del dia 15 és el lloc adequat, o tampoc?

Què hem de fer, assistir com si fóssim bens dego-
llats a aquest cerimonial de guerra? Espanya té clars
els seus interessos i la seva política internacional? O tot
va en funció de les amistats de cada president? Felipe
González era amic de Helmut Kohl i de Mitterrand, i
en aquella època anava de la mà de França i Alemanya
com a peó constructor d'Europa, i ara l'Aznar, que és
amic de Blair, Berlusconi i Bush, la desconstrueix.

Doncs la veritat és que veure Javier Bardem, Jordi
Dauder, Fernando Trueba, o Fernando León de Aranoa
condemnant la manera com ens volen fer entrar a la
guerra d'Iraq és d'aquelles coses que vénen a trencar la
passivitat general que ens mou. Com també ho va ser
la resposta dels voluntaris que han anat a ajudar Galí-
cia. Com també ho són les queixes de Martina Klein,
d'Eva Sanz, de Toni Miró, de Konrad Muhr, de Lluís
Juste de Nin (Armand Basi), de la gent de la moda. Per-
què són actituds oportunes (no oportunistes com algú
sempre és a punt de penjar-los), que trenquen aquella
imatge que vivim en compartiments separats, en bom-
bolles tancades. Que els actors i models, amb la força
que té la seva imatge, aixequin la bandera de la pau i
del diàleg només es pot merèixer un elogi sonat.

ESTATUT:
CENTÍMETRES I COEFICIENTS

El mateix dia que començava la tretzena edició del Festival de Cinema Eròtic de Barcelona, aquest dimecres, la plana major de la política catalana desembarcava a Madrid amb l'Estatut versió USB.

L'escalfor rutinària, que ja s'ha establert al nostre calendari com si fos la cascada de fascicles de cada any, la tornada a l'escola, o la collita de l'avellana, no trencava el gel de la capital de l'Estat.

No hi ha dret. Amb el que ens ha costat aquest Estatut! Amb les hores de desconcert, amb els minuts de negociació que hi ha hagut, amb una sessió plenària que va concentrar l'interès de gairebé els 7 milions de catalans, i ens paguen amb aquesta moneda! Tan contents que vam estar de veure la foto final de tots els polítics a una, fins Josep Piqué un passet enrere, perquè la rebuda hagi estat tan de cul.

Amb l'alegria que va suposar veure tots els parlamentaris aplaudint i entonant els Segadors, perquè ens l'hagin segat arran abans de llegir-se'l. Com pot ser que aquest Estatut, que és com una mena de Gesal per a la Constitució, un fertilitzant que la farà créixer, hagi estat rebut com una plaga de mosquit tigre?

Hi ha coses que no s'entenen de massa previsibles. Qui ha fallat aquí? Els catalans, amb els nostres polítics al davant, hem pecat d'innocents, de bona fe? O els mecanismes de l'anticatalanisme, que sempre estan a punt, s'han disparat abans d'hora?

Aquesta vegada, a més de la Brunete mediàtica, per poc no surt la de debò. L'alerta s'ha disparat, i mira que no es va ni moure amb el Pla Ibarretxe, ni amb les negociacions de l'Estat amb ETA, però amb els catalans sí. No fos cas que ens la fotessin. Rajoy, Acebes i Zaplana es freguen les mans. Deuen estar a punt de donar d'alta Rodríguez Ibarra i Bono, que deuen estar disposats a fer campanya en contra de l'Estatut.

Encara no deu ser l'hora, però molt em sembla que encara som hereus d'un model d'Estat que no és ni figa ni raïm. El president Maragall ja vol apostar, com l'essència de l'Estatut, per un model federal, però l'invent de l'Estat de les autonomies s'està demostrant com un fre. Perquè per no deixar un estat centralitzat amb certes regions autònomes, aquí es va tirar fa 25 anys pel cafè per a tothom. És un model que ja neix malament, neix basat en la idea que ara reprodueix la clàusula Camps de l'Estatut valencià. Si tu aconsegueixes qualsevol cosa de més, jo també la voldré.

Passen els anys, però aquí no es modernitza res. No progressen les idees, no progressa el model. No pot progressar perquè aquesta legislació inspirada en la gelosia converteix la Constitució en una pura cotilla.

El dinamisme del model, hi ha qui el nega. Perquè en comptes d'acceptar diàlegs, es treu la gent al carrer a la contra, es rearmen enquestes, i es dispara l'energia disgregadora. El crit mobilitzador del PP no deixarà sentir els arguments del president Benach amb l'Estatut informàtic. La rebuda a la contra, amb fatxes de decorat, em sembla que només l'hauríem pogut trencar amb les noies del Festival de Cine Eròtic. Amb Maragall, Carod, Mas, Saura i Benach, hi hauria d'haver anat la Bibian Norai, la Sophie Evans, la Dora Venter, la Michele Wild, la Celia Blanco, i la Silvia Saint. A veure qui hauria estat el flamenc d'haver-se resistit als encants del preàmbul i d'uns articles defensats per aquestes procuradores de la pàtria. Drets i deures, a veure si se'ls repassen tots plegats abans d'abominar de la feina democràtica que ha sortit del Parlament de Catalunya.

Només se m'acut que al marge del Festival que aquests dies es fa a la Farga de l'Hospitalet, aquests dies també es fa a Cambrils una trobada de Mensa, l'associació que reuneix els superdotats del món. I a més fan tests de manera gratuïta a tot aquell que vulgui comprovar en quin nivell se situa el seu coeficient. Si a la Farga les coses es mesuren en centímetres, a Cambrils serà en percentatges. Que hi passin també aquells que no entenen l'Estatut. Perquè si el que ens han de retallar són centímetres d'autonomia que sapiguem amb quina intel·ligència ens les hem de veure.

LA CARTA ALS REIS

El ministre Posada ho ha deixat ben clar: a Barcelona li ha passat ja l'hora de llançar la seva carta als Reis. Com a molt haurà de compartir totes les joguines que demana (seguretat, protecció civil, urbanisme, habitatge, fiscalitat, transports, infraestructures..., i així fins a totalitzar 15 àmbits competencials) amb els de Madrid, encara que aquests no tinguin ni carta redactada, ni tan sols la intenció d'enviar-la, perquè de fet ja fan amb el Pare Noel-Aznar.

Aquí d'ençà que es va pronunciar allò del "café para todos", s'ha utilitzat la mateixa recepta sempre. Tant se val si es tracta de xicòria, com de cafè, cafè. No pot ser perquè potser s'esquinçaria el mapa, i és que, ves com són les coses, Madrid sí que pot tenir dret a un tracte especial, perquè la mateixa Constitució ja li atorga, en tant que capital de l'Estat. Però Barcelona de què, morena? Al Govern central els sembla molt bé que totes les forces polítiques hagin escrit (i aprovat al Parlament de Catalunya) una carta on es recullen aquest seguit de competències que, se suposa, donarien més força a una capital, i la seva àrea metropolitana, com Barcelona.

Però això no ho pot tenir la que fins fa molt de temps era la ciutat punt, l'avantguarda de Barcelona, passant la mà per la cara a Madrid. Això mai! En la meva època de corresponsal a Madrid, recordo que, just arribar l'any 89, van posar en marxa Telemadrid. No oblidaré mai l'expressió d'un taxista madrileny que deia: "Pero vamos a ver, estaríamos buenos. ¿Cómo van a tener televisión autonómica los catalanes (TV3 ja anava) y Madrid, la capital de España, no?". Doncs una mica la reacció és la mateixa. Carta? Sí, però carta blanca. Carta madrilenya, no només barcelonina. Que el mateix puguin tenir totes les ciutats de més d'un milió d'habitants.

El gran èxit de la Passarel·la Gaudí, ara fa una setmana, i just quan som a punt de començar la Cibeles, va ser el senyal d'alerta. Les bastonades entre capitals esclataven en un terreny abonat a l'arrabassament.

Paco Falqué, el director de Moda Barcelona, va arribar a posar la seva vida com a garantia que mentre ell hi sigui Barcelona seguirà sent punt de referència per a la moda. Però Madrid, com en el cas de la carta, no ho tolera. El conseller d'Economia de la Comunidad (que sembla tret de la pel·lícula de l'Álex de la Iglesia) va replicar amb un seguit de collonades que el situaven a ell solet on es mereix. Ximpleries demagògiques, que segur que allà li funcionen, com ara que aquí perdem el temps en diades i en una llengua, que la seva ignorància la hi deu fer menysprear.

No hi ha manera. Alguna vegada s'ha dit que això de la tibantor de relacions entre Madrid i Barcelona, i per extensió Catalunya, és conjuntural. Però aquesta conjuntura dura tant que s'acaba conformant com estructura. L'estructura de l'Estat on estem encaixats genera aquesta uniformitat, que després no és tal. On han acabat abocant tots els calés, els del Govern de Madrid? A Madrid: aeroport, metro, fires, i després tot el que convingui: Arco, cine, volen la moda, volen el futbol, tot cap allà. El seu model és el més pur jacobí francès. Res de contemplar una imatge com la d'un Milà o un Nova York per a Barcelona.

De què? No volen ni carta, ni correu electrònic. No toleren el potencial d'una Barcelona rosa de foc, cau de creació, enginy mediterrani, que els pugui fer ombra. Desesperació és poc.

JA TENIM IDENTITAT

Què carai som els catalans? Com ens deixa l'Estatut? Som polígams? Som eriçons? Aquest dubte identitari ha quedat mig aclarit aquesta setmana a Madrid. Tenim "identitat nacional", ho ha dit el president Zapatero, i si ho ha dit vol dir que ho pensa i que ho accepta. De fet aquests dies, a l'exsenador Lluís Maria Xirinachs, just quan es va voler renovar el document d'identitat, ja li van deixar clar el que era. Li van fer tastar presó, seguint els lligams de convivència identitària.

Aquesta ha estat la setmana de la Constitució. Li ha pres a la Puríssima. Si fins i tot hi ha hagut un pont, i a més no hem parat de parlar dels valors constitucionals. Entre l'Elionor i l'Estatut, hem anat amunt i avall, hem donat voltes a si es pot tocar o no. Per segons què, sí. Per fer que l'Elionor pugui ser reina, i no li passi al davant un hipotètic germà. I per acollir la iniciativa modernitzadora dels catalans, no. La Constitució és flexible, o inamovible. És com aquella ampolla mig plena o mig buida, tot depèn de qui se la miri, o de qui se la begui.

De fet aquesta deu haver estat una bona setmana per a Catalunya. Posats a pagar, val més que els prínceps de Girona, ducs de Montblanc i senyors de Balaguer hagin tingut una nena. Això ho engresca tot molt més. I després el debat estatutari, que a més de deixar clares quines Espanyes tenim, ha servit per passar la pilota a la biblioteca del Congrés. Allà els diputats poden rebuscar des d'Azorín fins a Brecht totes les cites que van fer servir els polítics catalans per convèncer l'hemicicle que això de voler reformar, de posar al dia l'Estat, també es deu poder fer des de la perifèria.

Hem viscut de fet el primer aperitiu, la setmana que ve el debat seguirà encara un grau més. Serà al Senat, i allà seguint els esquemes alemanys veurem tots els presidents autonòmics cara a cara. Serà tan interessant com el d'aquesta setmana. Perquè ara que ja sabem que tenim una forta identitat, podrem comparar com se la imaginen des del País Basc, Galícia, Extremadura o Andalusia. Segur que podrem allargar els compassos d'aquesta setmana de la Constitució avançada. Amb una mica de sort ja tindrem la foto de l'Elionor per poder rebaixar la tensió.

UN VOT PER HUMANITAT

M'estic marejant. Ara que ja s'ha tancat el ball de les enquestes, ha començat el ball de petició del vot útil. Això deixant a banda el ball de les pensions, que va obrir l'altre dia l'Almunia i ara ja s'hi ha afegit l'Aznar. És increïble: l'apel·lació del vot ara ja es fa a pèl, sense escrúpols, sense prejudicis, al primer que passa pel carrer. Tant és què pensi. Sembla el ball de l'escombra, perquè amb tant de canvi algú es quedarà sense parella. Veieu si no: Narcís Serra demana el vot, de l'*agarrao*, no només als "amics" d'ERC i d'Iniciativa, amb qui van junts al Senat, sinó també als d'Esquerra Unida i Alternativa, i atenció als votants de Convergència. Quina barra, podria pensar un despistat. Però és que al costat d'aquesta crida, hi ha hagut la del candidat de CiU, Trias, per contrarestar-la. Vol que els votants d'ERC, del PP i també els del PSC ballin la seva rumba dels Chunguitos. Apa! Però té arguments. I és que ni els socialistes ni populars de Catalunya "poden aconseguir més quotes d'autogovern, ni un finançament just". I els populars tranquils, que no tinguin por, que Aznar potser en traurà massa i tot. Parlant de por i per acabar de donar una volta més, Piqué ha dit en les últimes hores que els electors de Catalunya han de perdre els temors (o ara o mai) i ballar el vals popular (que no és el de Haider), i això els ho diu sobretot als votants convergents, als d'Unió, però també als socialistes. Els únics que no vol són els que li trepitgen l'ull de poll, els republicans. Puigcercós, el que vol són els vots catalanistes que ens mans de CiU només portaran el pas amb Aznar. I encara ha demanat a les dones que ballin un *twist*, siguin pèl-roges, rosses o morenes, tant és, perquè amb el seu vot faran que si ERC té dos diputats, hi hagi una dona més al Congrés de Madrid, la segona de la seva llista. I per tancar el cercle Joan Saura, d'Iniciativa, troba que Serra i el PSC, al disputar-se els seus electors, han perdut peu. Els d'Esquerra Unida a Catalunya recorden que són ells els que tenen els anells de l'enllaç amb Almunia. En fi, el vot ja està marejat, m'ha quedat fútil amb tant de tomb. Ja només falta l'Aznar, que diu que se'l voti per humanitat. Si vol un decret humanitari, que decreti la condonació del deute extern de Moçambic, i no hi donem més voltes.

LA PROXIMITAT AMB EL CIUTADÀ

Què necessiten els nostres polítics per acabar de connectar amb els ciutadans? Per aconseguir que això del contacte amb el carrer no sigui una quimera, que es quedi en quatre fotos a les parades dels mercats en temps d'eleccions i en dues revetlles o aplecs l'any? El president de la Generalitat, Jordi Pujol, sembla que ha donat ordre als seus que deixin els despatxos i que surtin a prendre el pols als problemes reals. I es veu que no parla per l'Artur Mas, que aquest sí que surt empaitant Maragall, i de qui se sospita que té clònics o el do de l'ubiqüitat. Pujol està preocupat perquè, en les seves sortides "inaugurals" de cap de setmana, la gent li diu que és més acessible ell que no pas els directors generals o consellers. El contacte directe també sembla que és la recepta que utilitza l'alcalde Clos per frenar la caiguda d'imatge que li han donat els problemes de gestió local, començant pel de la inseguretat ciutadana. És una tècnica clàssica en democràcia, aquesta de la proximitat, però que si no s'administra bé, se't pot girar en contra. A Bogotà, és on hi ha un dels màxims exponents d'aquests mètodes. És l'alcalde de la ciutat, Antanas Mockus, que deu tenir d'assessor d'imatge un enemic. M'ho explicava la *show-woman* Cecilia Rossetto, que actua al Teatre Principal, amb el seu espectacle *Rojo Tango*, dins la programació del Grec, i que acaba d'arribar de Colòmbia. Diu la Rossetto que aquest alcalde és en boca dels seus ciutadans perquè es deixa veure però també per la controvèrsia que aixequen les seves ordres municipals. Es veu que ha decretat que, per evitar problemes de nit, un dia de la setmana surtin només homes, i l'endemà dones. Gairebé com fan a algunes ciutats que alternen la circulació dels cotxes, segons que els números de les matrícules siguin parells o senars. Però Antanas Mockus, que és d'origen lituà, és tan agraït amb els habitants de Bogotà, que ha anat fins al centre de recaptació d'impostos per felicitar els contribuents que compleixen el seu deure. I ho ha fet acompanyat d'una serenata de *mariachis*. Que se sentís! Mockus anava regalant flors a tothom, i ja engrescat va arrencar a cantar allò de "sigo siendo el rey", però amb la lletra adaptada. Ni amb el canvi de lletra va complaure tothom. Més de quatre dels que estaven pagant les contribucions van escridassar Mockus, indignats per no saber d'on sortien els calés per pagar els *mariachis*. Ell els va voler calmar, dient que eren els mateixos funcionaris de l'oficina d'impostos els que pagaven els músics. Però l'alcalde no es va amoïnar pels crits, i encara va sortejar, entre els que feien cua per pagar, un viatge en autobús, amb ell de guia, per les obres municipals. Perquè veiessin d'una manera clara on van a parar els diners que aporten a les arques municipals. Ja podria ser una idea per a Barcelona: un tomb bus, que per comptes d'anar cap a l'aeroport ens ensenyés la febre constructora que ha aixecat el Fòrum 2004, o que passés per les obres de cada estiu. És clar que Monckus ja no sorprèn els seus compatriotes. Quan, abans de ser alcalde, era el rector de la Universitat, es va abaixar els pantalons davant els estudiants que protestaven contra d'ell. No sé com rebríem aquí que Clos repliqués els bombers amb les seves armes. Però a Mockus, que es va casar dins d'una gàbia de lleons d'un circ, no el supera ningú. Aquest és el seu segon mandat, i per demanar perdó dels seus errors de gestió i animar els votants que no els tinguessin en compte, va optar per banyar-se en una font pública. O sigui que, les pròximes eleccions, la tradicional trobada a Canaletes que es mantingui, però no per penjar el primer cartell, sinó perquè els polítics hi prenguin una dutxa purificadora.

LA TECNOLOGIA DE LA CAVERNA

Sort que ja ha passat l'any Gaudí, i que l'AVE encara no ha arribat a Barcelona. Només hauria faltat que en ple piromusical s'hagués ensorrat la Sagrada Família. Llavors sí que hauríem pensat que és viu el mite de Sísif: quan el temple està gairebé enllestit el tren del progrés el llença a terra.

Però es veu que la bona relació que hi ha entre basíliques ha evitat la desgràcia. La del Pilar, que vetlla perquè la via del tren no s'enfonsi del tot a prop de Saragossa, ha intercedit pel canvi de traçat de l'AVE al seu pas (soterrat) per Barcelona. Ja només podem comptar amb les marededéus i en la inspiració divina, perquè tot sembla que s'ha girat contra la connexió ferroviària del futur. Ja és ben curiós que "l'alta velocitat" que s'ha volgut donar a les obres ha acabat per malbaratar tots els terminis preelectorals.

El cúmul d'incidents que hi ha hagut en el tram del TGV entre Lleida i Madrid, amb els greus problemes de la solidesa del seu traçat, han esdevingut una llosa més en aquest rosari de fatalitats que pengen de les mans del Govern d'Aznar. El *Prestige*, el Pla Hidrològic, la guerra d'Iraq... Tot el que ha vingut després de la megaboda de la seva filla se li ha girat en contra.

De moment ha caigut el ministre Matas, però Cascos aguanta, al més pur estil Gaspart, mentre l'AVE es retroba al fons del mar amb el *Prestige*.

Aquest tren, que ja s'ha cobrat les vides d'algun dels obrers que en fan la via, ha estat a punt de viure una de les desgràcies màximes: que s'hagués enfonsat en un dels viatges promocionals.

De moment passaran sis mesos, com a mínim, per poder donar garanties de seguretat als passatgers entre Lleida i Madrid. Però, ¿com pot ser que la tecnologia i els estudis del segle XXI no veiessin en el seu moment el perill que suposava passar per damunt d'una zona de roques calcàries i plena de cavernes? I la zona d'argiles que pot inflar el terra?

I faig aquesta pregunta perquè justament el ministre Álvarez-Cascos apel·lava a l'avançada tècnica del segle XXI per fer broma amb els temors de la Junta de la Sagrada Família sobre el pas del tren sota un temple aixecat amb els plànols del segle XIX.

Per si de cas, s'ha canviat el trajecte del carrer Mallorca al carrer València. Ara que s'esvaeix el somni de tenir connectades Madrid i Barcelona el 2004 sembla que l'esforç de calendari ja se centra en aconseguir que com a mínim arribi a Tarragona. I amb això, si més no, s'aconseguirà calmar l'emprenyada pel Pla Hidrològic. La de les avellanes ja l'esquarterarà la via. L'AVE, doncs, no farà caure la Sagrada Família el 2004 i, al ritme que van les obres, tampoc provocaran cap esquerda al castell de Púbol quan celebrem l'any Dalí!

ON ÉS L'ESTÈTICA DE LA TOTXANA?

El mes de setembre a Salou ha quedat marcat per l'esclat de l'escàndol que ha afectat el regidor d'Urbanisme, que ha acabat amb la sortida de CiU de l'equip de govern.

L'escàndol és haver comprat un solar que sembla que no hi havia manera de vendre i que ha comportat uns beneficis milionaris al regidor Esteve Ferran fill.

L'actuació de Ferran, Units per Salou, ha comportat doncs la desunió de l'equip de govern, perquè CiU esperava que Esteve Ferran Gombau acabés deixant el seu càrrec.

Sobretot després que, darrere del primer detonant d'escàndol, el del solar, s'hi afegís el de la residència, amb modificació d'ús i allargament de terminis i edificabilitat, i la polseguera del barranc de Barenys.

Polseguera que apunta que familiars i amics de l'alcalde podrien beneficiar-se de les expropiacions necessàries per canalitzar correctament aquest barranc, que és un dels problemes seculars de Salou: el que raja per Barenys.

Esteve Ferran, el regidor, ha insistit a demanar que s'entengui que ell no ha fet res il·legal, i que en tot cas hi pot haver un mal d'estètica, i que "llàstima que no hagués pogut comprar deu parcel·les com aquella". És a dir, allò de l'honestedat de la dona del Cèsar, que a més de ser-ho, ho ha de semblar, és el que hauria d'haver pesat més que altres factors.

Per estètica també podia haver plegat, però això d'aferrar-se a la cadira és el que ja ha esdevingut pràctica, en democràcia, en tots els altres casos semblants als de Salou.

Aquests dies només ha plegat un responsable de la Comunitat de Madrid, després que la premsa denunciés les seves pràctiques urbanístiques.

Però CiU devia esperar que per estètica pleguéss, i en no fer-ho, han plegat ells, els dos regidors que tenen. El PP, però, continuarà garantint la majoria i la tranquilitat del govern.

El cas estètic d'Esteve Ferran l'estudiarà la Sindicatura de Comptes, després que les relacions amb el mateix interventor municipal siguin el detonant perquè el cas hagi vist la llum pública.

També ho deuen ser, detonants, l'època del calendari que vivim, preelectoral. Ara autonòmiques, però municipals a la primavera.

Per això han despertat casos com el del conseller Farreras, o el de Fernández Teixidó, o els casos de València. De fet, des que va esclatar el cas de Marbella, no hi ha ningú que cregui que la costa catalana, on es construeix a carrera feta, sigui verge i model de gestió.

Els últims indicadors diuen que a Catalunya es construeix el doble del que es necessita: 18 habitatges per cada mil habitants. A Salou ja fa temps que s'han trencat els límits de la construcció sostenible, que puguin combinar la capitalitat turística de la Costa Daurada amb el fet de continuar sent un pol d'atracció de descans.

Veurem, doncs, qui és que ha d'acabar sentenciant si el cas de Salou és estètic, ètic o electoral: les promotores, la justícia o els electors.

S'ACOSTA LA DEMAGÒGIA CIUTADANA

Esfereït, i un pèl espantat de veure com la demagògia viu al costat de casa. Aquestes eleccions que deixem enrere ens deixen plens de fantasmes. D'entrada, un de clàssic, que no para de créixer: el de l'abstenció. És terrible veure com potser fins i tot per esgotament la gent es queda a casa, o ni sap que aquell dia hi ha eleccions i pot exercir el dret. És terrible com la gent deserta fins i tot en algun cas del deure de "treballar" per la democràcia, a les meses; de veure com hi ha hagut algun cas en què si no arriba a ser pel segon suplent alguna mesa no es pot formar.

Però què passa? Que es pensa la gent que aquesta festa no l'afecta? Però tant li fa que l'educació dels seus fills, la sanitat, el model econòmic, les autopistes, l'AVE i una llista que no s'acabaria omplint totes les planes d'*El Pont de Fusta* sigui d'una manera o d'una altra. Salou, amb un 43,4% de participació, i Vila-seca, amb un 47,1%, es poden donar les mans perquè se situen a la franja més baixa de la demarcació.

Però, i potser per això, hi ha una dada més nova i preocupant: Ciutadans, el Partit de la Ciutadania, obté a Salou un 5,28% dels seus vots, el tercer lloc més alt de Catalunya, després de Cerdanyola i de Castelldefels, i a Vila-seca un 3,96%; dels 89.567 vots que han obtingut arreu de Catalunya, de Salou n'han sortit 274, i de Vila-seca, 231. Aquesta nova formació que presenta arestes de tota mena, una base de votant socialista, però també popular, fa que hi conflueixin des de firmants del Manifiesto de los 2.300, col·laboradors de Federico Jiménez Losantos —que ja era al darrere del PSA-PA, andalusistes i aragonesistes, que ja van ser al Parlament amb 2 escons l'any 1980—, fins a l'Angela Diest, expresidenta de la Coordinadora de Afectados en Defensa del Castellano, la Cadeca, aquells que van muntar la guerra de la llengua l'any 1993, aquells als quals pertanyia el xofer de Pujals quan era Conseller. La Diest que va fundar Nuevo Salou, un embrió del que ara deurem tornar a veure a tants altres municipis quan hi hagi al mes de maig les municipals. És el partit de Boadella, d'Arcadi Espada, de Francesc de Carreras —fundador del Foro Babel—, d'Ivan Tubau, de Félix de Azúa, d'Antonio Robles, ara diputat i expresident de l'Asociación por la Tolerancia, d'España Mestiza, d'Iniciativa No Nacionalista.

Aquests que recullen el descontentament, que pregonen la Cope, *El Mundo* i *La Razón*, i que acabaran estenent la polèmica i el problema allà on no n'hi ha. On la demagògia, agafant la qüestió de la llengua, corre com la pólvora.

Ara són al Parlament, en part perquè els partits actuals no han sabut digerir els seus plantejaments, en part per la gran demagògia, i en part per culpa de l'abstenció, amb un punt més de participació no haurien entrat, i qui no ens diu que al juny no seran als Ajuntaments, engegant també aquí els ventiladors de l'autoodi.

PER MOLT QUE BUFI EL VENT, NO S'APAGUEN LES ESTRELLES

Escrits de l'activitat cultural

MARTÍ I POL, TOTA LA CALIDESA

El mecanisme de la finestra del meu cotxe, espatllat per enèsima vegada, va ser el responsable que arribés a Porrera amb la cara escrostonada pel fred. En el meu interior, en canvi, la nítida il·lusió de conèixer personalment el poeta Miquel Martí i Pol feia que res no s'alterés.

Li dec a l'Ajuntament de Porrera que em permetés conèixer-lo quan van posar el seu nom a un dels carrers.

El regidor de Cultura em va "captar" prèviament a Reus, on vaig utilitzar versos de Miquel Martí i Pol per donar el tret de sortida a la Setmana del Llibre Infantil i Juvenil.

Abans ja l'havia reescrit, copiat, memoritzat, escoltat, i un bon dia em van oferir conèixer-lo personalment a Porrera.

Vam dinar a Lo Teatret, després de descobrir la placa del carrer que porta el seu nom. Lluís Llach, que va adaptar casa seva per poder-lo acollir tants dies, estava satisfet del gest d'agraïment de la gent d'aquesta vila del Priorat.

Al seu costat, els amics que han acompanyat el poeta en el periple per terres catalanes, Joan i Anna Maria, Cisco i Lídia, Emili, Jordi i Emma, Nina, a més de la seva esposa Montserrat. Tots han fet possible aquest contacte que va tenir Martí i Pol amb tants pobles i gent que van pensar en ell un dia o altre, llocs que ha anat visitant: Salou, Vila-seca, que li va dedicar una plaça, Escornalbou, Reus... Una llarga llista que anava completant així que la malaltia li deixava forces.

El dia de Porrera es va completar a la tarda amb un recital dels seus poemes, a càrrec de Roser Cadafalch, acompanyada al saxo per Pep Poblet. I jo mateix vaig voler sumar-me a l'acte recitant el poema que ja feia anys havia memoritzat i recitat sempre que en tenia ocasió. Al dinar aquell mateix dia. Aquell que havia tret d'un disc de Celdoni Fonoll, i que narra la intimitat d'un enamorat enlluernat: "Amor, em plau la teva veu tan fina i el teu mirar sorprès, interrogant, quan la tendra duresa de la sina m'endolceix la duresa de les mans...". Però em va trair l'emoció. En plena declamació, el fred i la calor van fer saltar pels aires l'estructura equilibrada del vers, que va xocar amb les llàgrimes que no vaig poder reprimir. "Ets una bleda", em va etzibar Llach després. Vaig acabar el poema: "Em plau saber-te vora meu, quieta, i llegir-te en els llavis el desig, i veure't tremolosa, insatisfeta si malmet el silenci algun trepig". El cas és que després d'aquest primer dia hi va haver molts dies més de generositat extrema en la relació per part de Martí i Pol. Dies de festa, de calçotades, d'alegria. Bons moments plens de calidesa. Aquesta calidesa que es traduïa en un somriure confiat, ample, immens, apuntat per una mirada expressiva i serena. Reia i encara el vaig fer riure una mica més, quan vaig tornar a l'atac en un altre acte a Roda de Ter, on de nou la traïció de declamar davant seu i la seva paraula em va fer trontollar davant l'auditori. "Perquè un gust nou que encisa i que perdura s'ha arrecerat al teu posat incert, i ets picant com la fruita poc madura quan jugues amb els ulls a no ser pura, amb els ulls tan intensament oberts". Gràcies, Miquel.

NOVA GEOGRAFIA ESPIRITUAL DE CATALUNYA

Tinc a les mans la carpeta de l'últim disc de Quimi Portet *La Terra és plana*. Brillant, rotund. Tant si toca la bateria, com si menja macarrons, o encara més quan postula una de les seves cançons, "Massa per acceleració", per dur el català a Eurovisió de la mà d'Andorra. Ara que fem l'exercici esportiu d'anar triomfant pel món sota bandera pròpia a Macau, i que correm amb bandera de préstec a Austràlia, just en plena revisió estatutària, Quimi Portet ens dóna una pista d'orientació: Francesc Pujols.

Portet reivindica el filòsof Francesc Pujols a través d'un pasdoble surrealista, i amb l'ajut de la seva filla a la percussió. Quimi canta una de les múltiples anècdotes que alimenten l'imaginari pujolsià, en què Pujols va convidar a dinar don Emili Tintoré, crític teatral de l'època. Aquest li va dir que no li volia posar problemes, perquè era vegetarià, i Pujols li va respondre: "No es preocupi... Ja matarem un bròquil."

Quimet passa llista, des de Llull, fins a Manolo Vázquez, Albert i Josep Pla, Sisa, Pau Riba, Miró i Dalí. I canta també una de les idees més difoses de Francesc Pujols, i que també va escampar el-genial-pintor-empordanès Salvador Dalí: la que els catalans, pel fet de ser-ho, quan anem pel món ho tindrem tot pagat.

Ara que no se sap ben bé si legalment hem de ser nació, o si l'autodeterminació l'hem de posar al davant o al darrere de l'Estatut, o si som tots plegats els qui hem d'anar al darrere, ara que se celebren els 25 anys del de Sau, estaria molt bé recuperar el pensament de Francesc Pujols. Vaja, jo de preàmbul al nou estatut faria directament un retallar i enganxar: "Quan es miri els catalans, serà com si es mirés la sang de veritat; quan se'ls doni la mà, serà com si es toqués la mà de la veritat. Molts catalans es posaran a plorar d'alegria; se'ls haurà d'assecar les llàgrimes amb un mocador. Seran tan nombrosos que la gent no podrà acollir-los a tots com hostes de les seves vivendes, i els oferiran l'hotel, el més preuat regal que se li pugui fer a un català quan viatja. Al cap i a la fi, i pensant-hi bé, més valdrà ser català que milionari. Com que les aparences enganyen, encara que un català sigui més ignorant que un ase, els estrangers el prendran per un savi, que porta la veritat a la mà."

Fins i tot en això de l'ase va ser un home clarivident, el filòsof de Martorell. El seu pensament l'han escampat alguns dels prohoms que va tenir de deixebles, un dels quals és l'Artur Bladé i Desumvila, que va escriure des de l'exili a Mèxic un llibret, per la mida, o un llibràs, per les idees, que du el nom de *Geografia espiritual de Catalunya*, reeditat per Llibres de l'Índex. I d'aquest llibre se'n pot treure un grapat de propostes per al nou estatut, des de l'ànima, fins al seny, la situació o la llengua.

A més d'aquest llibre, hi ha el seu llegat per al museu de la Torre de les Hores de Martorell, i sobretot la feina de l'Associació Francesc Pujols, que des de la seva plana d'internet en reivindica la vigència permanent i preclara.

De fet, qui no ens diu que tot això del triomf en l'hoquei, dels èxits mundials de Dani Pedrosa, de la possibilitat que acabem veient el Cat a les matrícules, i que el tinguem com a domini a Internet, a falta del reconeixement oficial a Europa (que a aquest ritme deu ser cosa de dos dies, però ja amb crosses), no són la recta final del tot pagat?

CANTEM UN CÀNON SENSE PARAR

Llull, J.V. Foix, Espriu, Rodoreda i Perucho. Aquests són els "big five" de la literatura catalana. Ens ho ha hagut de venir a dir el flamant Premi Catalunya, Harold Bloom, que just en el moment de recollir el premi ha complert la part del "contracte" i ens ha entonat un cànon. L'especialista en Shakespeare i en cànons de literatura universal, ens ha caigut com una pluja profitosa, d'aquesta que omple els pantans de satisfacció i d'aigua beneficiosa. Salvador Espriu hauria estat un gran mereixedor del Premi Nobel de literatura. I ens ho ha dit així, a dos dies del brutal èxit de participació cívica i ciutadana en el partit de costellada amb la selecció de Brasil. I de la mateixa manera que hi ha costellades que maten, n'hi ha d'altres que ens donen ales. Quin goig, ja tenim equip, encara que sigui de pedaços per culpa de Corea, de Japó i d'Espanya, i ja tenim cànon literari.

Harold Bloom, l'erudit que ens ha dit per activa i per passiva que hem de llegir per trobar-nos a nosaltres mateixos, s'ha trobat de cop amb una bicoca que és el Premi Catalunya. Que li ha fet haver de repassar qui som, i què hem fet.

És com sempre, la histò-eria del catalans, que hem de mirar de repassar, explicar qui som, i no escandalitzar-nos si la nostra identificació no és suficient. Ja ens ho recorda Xavier Roig al seu llibre *Ni som , ni serem*. Potser falta, a aquest títol, "hauríem pogut ser".

L'amic Bloom ens fulmina amb un "hauríeu pogut ser, amb Espriu, nobels de literatura". Però de què? Si l'ha hagut de rescatar Ricard Salvat, amb la seva *Ronda de mort a Sinera* perquè el nou —i vell— públic recordi que havíem d'heretar els versos i els mots i no sé quantes coses més.

I ja veiem com la malbaratem, l'herència. Però, vaja, com a mínim la inversió en l'home dels cànons ha tingut efecte.

És clar que tampoc és una funció exclusiva de Bloom això de les llistes dels imprescindibles. Un altre home amant de les llistes i dels cànons és Louis van Gaal, aquest entrenador del Barça que, tot i ser del nord, ha vingut pel sud (però com que tant se val d'on venim, si del sud o del nord...), i que només arribar s'ha posat a fer llistes.

Això era el que ens convenia, una llista que aclareixi si el Barça pot viure de "tridents" o si necessita dentadura postissa, després d'acabar la temporada absolutament desdentegats i sense capacitat per superar les quartes places.

A deu anys de Wembley, i a Déu gràcies que no hi ha hagut res millor, Van Gaal elabora el seu cànon particular, aquest que ha de definir qui és imprescindible que hi sigui.

Sempre hi ha alguna llista pel mig. Què me'n dieu de les llistes que determinen qui és benvingut a Catalunya? Quants catalans de nou fitxatge tenen dret a papers, a figurar en la construcció d'aquest país, d'aquesta selecció que s'haurien de sentir seva els novíssims catalans vinguts d'arreu? Qui el fa aquest cànon? Qui determina, qui és imprescindible per fer d'aquest país un lloc de benvinguda eterna, com re-canta Sisa al seu nou disc *Bola voladora,* amb el "passeu, passeu" disposat a fer fum de les tristors?

Qui és que ha de determinar aquesta llista? Interior? Governació? Bloom o Van Gaal? Qui ens ha d'ajudar a fer d'aquesta nova etapa de creixement forà de Catalunya, una etapa de plenitud i riquesa? Hi ha tanta feina per fer, i tants cànons per acceptar!

MANUEL VÁZQUEZ MONTALBÁN

"Cuando seas muy vieja / y yo me haya muerto / rompe espejos, retratos, recuerdos / ponte bragas de corista, diadema de acanto, / sal desnuda al balcón y méate en el mundo / antes que te fusilen las ventanas cerradas". Aquest és un fragment d'un dels poemes de Manuel Vázquez Montalbán, del llibre *A la sombra de las muchachas sin flor*, que balla entre Proust i Ursula Andress.

Sempre l'he tingut al cap, aquest poema, i he plorat llegint-lo i reescrivint-lo. Copiant-lo d'adolescent, vaja, per jugar amb el temps perdut i el futur dibuixat. I ara l'he tornat a buscar i l'he trobat encara més impactant.

Aquesta setmana de trasbals, que no podrà restituir a l'Anna Sallés i al seu fill Daniel, com ella es queixava, el gran Manolo, per molt que ens quedi la seva obra.

Manolo encara i sempre sí, Manolo ja mai més.

Vaig poder viure el primer aplaudiment espontani que li van fer els seguidors del Barça, dissabte passat. A les sis de la tarda, just a l'arrencar les dues hores dedicades a la no-violència al futbol, abans del Barça-Depor. Només anomenar-lo, només pronunciar el seu nom integrador, i primer un i després cent, les mans l'aplaudien com ell devia aplaudir des de la grada una bona jugada. Llàstima, la seva, la que li va estroncar la vida a Bangkok, ha sigut una mala jugada. Els aplaudiments encara es van tornar a produir a les 8 mentre els Boixos deixaven la seva empremta en el mural contra la violència, i ja de manera massiva al camp, en l'homenatge massiu, i en la glossa de Borja de Riquer.

L'aplaudiment al record, al que ha marxat, que el va anar seguint a l'acte d'homenatge del paranimf de la Universitat de Barcelona.

De cop em vaig quedar just a l'entrada, davant d'una pantalla gegant, al costat de la gentada que mirava d'encertar si el disc que sonava era de Moustaki, de Brel o de Brassens. Justa. Després va fallar la imatge, i amb la Carme Sansa, i una pila més, vam forçar l'entrada a la part final del paranimf, animats pel crit d'un ciutadà, que per damunt del silenci i del respecte, va considerar que en Manolo Vázquez Montalbán també s'hauria queixat fins que l'haguessin deixat entrar.

Saramago, que diu que li dedicarà la seva pròxima novel·la, i no a la figura, sinó directament a Manuel Vázquez Montalbán, la millor Rosa Regàs que hagi sentit mai (l'hauré de sentir més), i el Raimon que va fer el cor fort per llegir el fragment final de *Un polaco en la corte de Juan Carlos I* on l'anomena, i per cantar la "Cançó del capvespre". Tothom va fer el cor fort, i l'aplaudiment atronador, mentre ens arreceràvem a signar per donar-li les gràcies per la feina feta, o mentre li donàvem el nostre batec a l'enganxina que duia el seu nom, o ens quedàvem amb el recordatori civil, per mirar de no perdre la carta de Bangkok.

Encara ahir vaig anar al cine a veure *El misterio Galíndez*, la pel·lícula inspirada en la seva novel·la. En aquest retrat de la recerca de la llibertat, en aquesta denúncia de les clavegueres de la democràcia mare, amb la CIA fent el joc a dictadors com Trujillo o Franco. I allà apareix el seu nom, la seva denúncia, i el record de la seva creació a cada passi. Com a totes les llibreries que han refet aparadors. Com a Casa Leopoldo, on la Rosa Gil encara el veu assegut, carregant piles per continuar la lluita quotidiana. Hi aniré per veure si encara l'hi trobo.

ELS TESTOS I LES OLLES

Que Rubens va posar de moda les formes grosses i rotundes és el que sap tothom. Vinga carn. Carn que sobreïx dels seus quadres com les cireres vermelles o les cols, i també la carn, però de vedella, sobreeixia dels cistells grocs de les dones que enyorava Salvat-Papasseit. Vaja, que Rubens, sense saber-ho ni proposar-s'ho, va ser un avançat en la lluita contra l'anorèxia. I el que tampoc no pot saber el pintor, ni sabíem molts de nosaltres, és com s'ha arribat a engreixar el cost ja no de la seva obra, sinó dels seus esbossos.

És molt fort. El Ministeri d'Hisenda ha valorat un esborrany del quadre de Rubens *Diana i les seves nimfes caçant* en deu vegades més que no pas el que va costar el quadre definitiu. El cas és que Caja Madrid va pagar 811 milions de pessetes per l'esborrany d'aquest quadre en una subhasta feta el mes de juliol per la casa Christie's a Londres. El preu de sortida, 184 milions, ja era alt segons els entesos en el Corpus Rubeniarum. I és que fins ara obres semblants no havien superat els 50. L'obra de petit format, que Caja Madrid va donar al Museu del Prado per eixugar el seu deute tributari, fa 26 x 57 cm.

El més bo de tot és que els responsables de la pinacoteca espanyola van rebutjar fa catorze anys la possibilitat de tenir entre els seus fons l'obra final, amb el mateix títol, que valia 80 milions de pessetes, i que fa 183 x 386 cm.

La mida és important? Els sexòlegs ens asseguren que no. El preu és important? 800 milions per l'esbós i 80 pel quadre enllestit, són els ulls d'Hisenda els que ho veuen. Per molt que Rubens s'encarregués d'engreixar les seves figures, el que sembla que ha acabat donant calés han estat les petites proporcions. Què fa decidir els membres de la Junta de Calificación, Valoración y Exportación del Ministeri de Cultura, i els representants del Ministeri d'Hisenda, que hi tenen l'última paraula? Fan servir criteris de sexòleg? La mida no importa. S'han mogut per l'impacte de les representacions que feia Josep Maria Flotats de l'*Arte* de Yasmina Reza, on la valoració d'un quadre en blanc també era molt subjectiva? Són els mateixos que ja van valorar per 6 milions un Juan Gris, que va resultar fals, i que al seu propietari, Lalo Azcona, que també volia descarregar-se d'impostos, n'hi havia costat un.

De moment qui està traumatitzat és el col·leccionista madrileny que va comprar també als de Christie's el Rubens gran, l'obra acabada amb tota la seva dimensió. Amb la presència de Diana clavant una llança mortal al ventre d'un cérvol que lluita amb els gossos de la deessa. El de l'encàrrec de Felip IV a Rubens per decorar la Torre de la Parada.

A ell només li va costar 80 milions. Què són al costat de 800? I no acaba d'entendre per què no hi ha hagut mai ningú del Museu del Prado, o del Ministeri de Cultura, que s'hagi mostrat interessat per la Diana o per les nimfes. Res. Pensa que, potser com en una altra obra de teatre, la que va dirigir recentment Ricard Salvat, el Museu del Prado està governat per okupes. Trigarem molt a veure quadres pagats per Renfe o Siemens, com a agraïment al TGV?

LA POPULAR ABSÈNCIA
DE MARTÍ I POL

"Aquest any serà bo per tota mena d'afers, ho diuen els diaris". Aquest any no ha estat tan bo, Miquel, segur que ja ho saps. I no només per tot el que han arribat a acumular els diaris en el sac de les males notícies, el de les guerres en llocs remots. No sé si han nascut cent poetes, com aventuraves en la teva coneguda *Crònica* del 77, però ja fa un any que no hi ets, que ens has girat l'esquena i que ens ha deixat la teva mirada i rialla penetrants.

Potser no han hascut cent poetes, però en aquest temps se t'ha recordat a més de cent pobles, i places. És clar que només en justa correspondència a totes les visites i desplaçaments que vas arribar a fer ja surten els números. Des del petit món de Roda de Ter, i la Plana de Vic, fins a qualsevol racó on se't reclamés.

Potser per això s'han acumulat homenatges, per això s'han multiplicat els rapsodes a tort i a dret, s'han fet "ous ferrats" com mai, i hem tingut clara com mai la idea "que tot està per fer i tot és possible". T'han perfilat com a poeta solar, que primer planifica i després crea; poeta del poble; potència "nobiliària". I ara ens "costa d'imaginar-te absent per sempre". Tu que has parlat de la teva idea poètica, pròxima a la música, pròxima al carrer però també transcendint-lo. Superant la precarietat ambiental per assolir validesa i tensió universal, com deia en Ramon Pinyol.

Ahir a Santa Maria del Mar, a Roda, a Girona, a Porrera, dilluns al TNC, en format d'espectacle, es van resseguir de nou els teus versos, la teva tria sobre malaltia, mort, absència i perdurabilitat, sobre amor (perdona'm però vaig insistir un cop més amb aquells primerencs d'"amor em plau la teva veu tan fina, i el teu mirar sorprès, quan la tendra duresa de la sina m'endolceix la duresa de les mans..."). Tot el reguitzell de convocatòries que s'han fet amb el teu nom han fet que el teu record hagi estat ben viu.

És clar que em diràs que fa un any només, i el record encara pot ser fresc. Però tot i així costa d'omplir la sala gran del TNC, o Santa Maria del Mar. L'agraïment és sentit. Si més no aquest del primer any. La cadira de rodes també l'hem pogut veure, el símbol del desgavell, del trasbals. L'he vista en una fotografia ben curiosa, que surt al llibre *Lluís Llach, el noi de cal Vall*, que han fet la Cinta S. Bellmunt i Josep R. Grau, sobre la relació de Llach amb Porrera, i on es dedica tot un capítol a parlar de les teves estades a Porrera. T'agradaria molt, perquè a més de les del dia que van posar el teu nom a un dels carrers de la vila, n'hi ha una on en Lluís ajudat pel Salustià Álvarez, l'Eduard Duran i el Josep Grau et carretegen agafant-te assegut a la cadira, i et fan passar per damunt de les roques de la Figuera. Lluís Llach explica que vas enxampar unes molt bones èpoques a Porrera. Se t'hi veu amb companyia del Joan Rosaura i del Cisco "Castanyer" I també s'hi recull l'homenatge que et van fer quan ja havies mort. Amb la consellera Tura, Pep Guardiola, Jordi Dauder, i Pere Farrés, que va definir la teva obra com una línia ascendent que reflecteix el teu esforç per conèixer i conèixerse. En Lluís va fer un concert al camp de futbol, i va parlar de la vostra amistat. "Cada acte de la seva vida" (referint-se a tu, Miquel) "era possible gràcies a l'amor dels altres, i això que pot semblar humiliant, ell ho converteix en un acte de gratitud". En Lluís sí que t'ha conegut bé, i l'Emili Teixidor, i la Monstserrat Sans, i en Ramon Besora, l'editor. Ja és això que tots hem begut de tu, la Rosa Cadafalch i el Pep Poblet, la Nina, i el Jordi Bosch, i en Desclot, Solà, Pous, Vallverdú. No l'acabaríem mai, la llista, que encara segueix per tots els racons on ha tingut la utilitat pràctica d'obrir o segellar l'amor, o d'apagar una vida. Ja només caldria que quan l'escalfor popular es resituï, es posés també a lloc la gran aventura intel·lectual que ha estat la teva de vida.

UN RAZZMATAZZ NECESSARI
PER MOLTS ANYS

A la subhasta de la fira del disc del Tardà d'aquest any hi havia, pèls de Napoleó a banda, bona part del material que es va trobar en el moment del tancament de Zeleste, i la seva reconversió en Razzmatazz. Era un trist final per a un nom històric de la ciutat. Del Zeleste, sobretot del del carrer Argenteria, tothom en té alguna història.

El pas del temps no va perdonar i va acabar també amb un estil de gestió que segurament estava més tocat de poesia que de visió empresarial. Aquell bon rotllo que va acabar ofegant el negoci. Ha passat un any, i amb Razzmatazz com a nom, el que són les coses, es pot parlar de tot menys de subhastes que els empaitin.

Aquella arrencada amb un concert dels Flaming Lips ha tingut aquesta setmana la millor celebració possible per a una sala que aposta pel pop elegant. Els Pulp dilluns, Piano Màgic i els barcelonins Êlena dimarts, i els Super Furry Animals aquest dimecres. Quina setmana!! I sobretot, qui ho havia de dir. El que han estat capaços d'aconseguir els nous gestors de la sala és d'aplaudiment, com aquesta programació d'aniversari. Amb el pas del temps se n'han anat també els deutes, i la por que Barcelona fos un accident com a ciutat de concerts internacionals. Això no només s'ha frenat, sinó que s'ha capgirat.

Aquesta tardor-hivern és de les millors temporades de pop-rock que podem recordar. Barcelona ha recuperat, i s'ha guanyat, l'aturada fixa per a la majoria de grups d'Europa i els EEUU. I això es deu també al Razzmatazz. És clar que també tenim el Bikini, o fins per a algun concert el Luz de Gas, o l'Apolo, i tota la xarxa Mas, amb Cova del Drac inclosa (el millor so de la ciutat, aneu-hi a comprovar-ho sens falta!!), però la xarxa no seria del tot completa sense Razzmatazz. El local del Poblenou té la mida ideal. (Per a concerts més massius, com els dels UB-40, ja hi ha els pavellons, o per a la Björk el Liceu, i si no el Palau o l'Auditori, el que vulgui.)

Els gestors del Razzmatazz han contribuït que Barcelona sigui en el mapa musical internacional, fent negoci, amb més de 200 concerts que s'hi han fet. Sense necessitar imperiosament de la subvenció de torn, fent el millor local de la música alternativa, i convidant aquells que els van inspirar per al nom del local: els Pulp. Feia anys, va dir el seu cantant Jarvis Cocker, que no la cantava, però va ser d'agrair que la cantessin sota la pluja de globus, i amb un record també per a George Harrison. Què més es pot demanar?

"ALLENIANS"

"No solament no existeix Déu, sinó que proveu de trobar un lampista en un cap de setmana!". És un dels famosos aforismes de Woody Allen recollits en un llibre que va editar en català l'any 1980 l'editorial 7 i ½, sota el títol *Doncs ara et fotràs*. El va prologar Sisa i em va costar 375 pessetes. Reposava a la prestatgeria de casa, al costat dels que havia editat Tusquets, *Cuentos sin plumas*, el guió de Manhattan, una biografia, i algun altre text del director de cine de qui he vist pràcticament totes les seves 38 pel·lícules. Jo i gairebé tots els catalans. Perquè ja se sap que l'Allen que venerem aquí no té tant de predicament al seu propi país. Per nosaltres és el millor ambaixador de Nova York, d'aquesta Amèrica que ens ha fet tan propera a través del seu cine. I de tant que l'estimem, fins i tot es va deixar caure per la Setmana de Cultura Catalana que va fer la Generalitat l'any passat al seu país. Sembla que no en sap gran cosa, de nosaltres, però sigui com sigui la distribuïdora Lauren Films ens l'ha dut a Barcelona en la seva gira de promoció de *La maldición del escorpión de Jade*. Ara, gràcies al fet que presento l'*Artèria 33* al 33, he pogut entrevistar Woody Allen durant 10 minuts. Va ser una experiència religiosa, que diria aquell. Curta però intensa. Allotjat a l'hotel Arts, anava rebent televisions en rigorosos intervals de 10 minuts. A la tarda va rebre quinze periodistes diferents, i al matí, abans de la multitudinària roda de premsa, n'havia vist uns quants més. Semblàvem paracaigudistes. Fèiem una primera espera a la recepció, i allà veies quin posat feien

els que anaven baixant amb els seus deu minuts de glòria
consumits: Toni Soler, la Patricia de l'*Informal*, el Manel
Huerga de BTV, i uns quants més. Tots amb entrevistes a
mig fer, amb la paraula a la boca. Quan se t'autoritzava,
pujaves fins al pis 27, i allà hi havia una segona espera,
davant un finestral panoràmic, obert al mar. I a l'habita-
ció tot era a punt. Woody Allen, molt amable i correcte,
ni s'aixecava de la cadira. És més, aprofitava per fer una
becaineta de segons. Però els ulls se li encenien, i també
el seu discurs, quan arrencaven els minuts de conversa
televisiva. I els entrevistadors, que en percentatge majori-
tari, ens declaràvem fans del personatge, ens llançàvem al
buit. Allen, que deu estar cansat dels milers d'entrevistes
promocionals que ha hagut de fet durant tota la seva car-
rera, t'ajuda. T'ensenya a moure't per l'aire, a donar una
tombarella dialèctica, defensa el seu treball, la seva ener-
gia productiva, les seves passions: la feina, les dones i la
música. I quan t'adones que ets a la glòria, la petita glòria
de ser al costat d'un geni del segle XX, d'un nom dels de la
història del cine, hi ha algú que t'obre l'anella del paracai-
gudes. El traductor, Oriol Rogent, que seguint les ordres
d'aquells que controlen el temps, et diu: "Graset, última
pregunta". I penses, "però si només n'hi he fet cinc".
I mentre l'aire t'omple el paracaigudes encara en forces
dues més. Fora. S'ha acabat el temps. Ja hi ha algú altre
que comença a acostar-se a la porta amb cara de respecte
i il·lusió. Vols dir que l'Allen arriba a saber on és, amb
aquest ritme de vertigen? Vols dir que no és un mite que
Barcelona és la ciutat més "alleniana"? I què deuen dir els
de París, els de Berlín, els de Roma? Potser ja va bé que
tinguem aquesta il·lusió, perquè justament això, il·lusió
i bon cine és el que ens ve a vendre aquest ambaixador
despistat que els catalans hem nomenat a Nova York.

JUGAREM A ESTIMAR-NOS

Ja està. Després de totes les setmanes prèvies d'elecció, aquest dimecres la Marta Roure va dur el català a Eurovisió. Fins i tot va ser la més agraïda amb un sonor "moltes gràcies" a l'acabar l'actuació. Va ser dimecres quan el "Jugarem a estimar-nos" del Jofre Bardagí va sonar amb tota la seva força. Veient el festival estava convençut que la podria tornar a sentir aquest dissabte, però es veu que les raons de geoestratègia política, que han fet entrar de cop gairebé tots els països balcànics que es presentaven, i l'elecció del públic, m'han trencat les raons.

Ja hi ha qui diu que és inútil entestar-se a apel·lar a raons d'objectivitat, perquè, és clar, estem parlant d'un concurs on hi ha raons que se'ns escapen, però si es concursa s'ha d'acceptar la norma.

La Marta va treure 12 punts, igual que el títol del programa d'on va sortir escollida ella (per sobre de les Bis a Bis) i la cançó, però potser movent les peces que hi havia a les mans d'Andorra n'hauria pogut treure més.

Potser l'ocasió de l'estrena del català al festival s'hauria valgut algun moviment diplomàtic. Suposo que els microestats que tenen problemes comuns també deuen tenir necessitats comunes. Mònaco, Xipre, Malta... Bé, ara que hi penso, Malta i Xipre també han passat a la final. Però també hi ha l'euroexpert que assegura que aquests han passat a la final perquè es vol que els nous membres de la Unió portin la veu cantant, en sentit metafòric i literal, al festival. És clar que, posats a fer, suposem que Turquia, que és seu d'Eurovisió aquest any, deu dir que ells ja fa anys que s'esperen per formar-ne part.

D'entre el propi equip andorrà hi ha qui troba que per lluir més en aquest festival s'han d'invertir diners i, si bé és cert que al país dels Pirineus hi ha molts ciutadans acabalats, també és cert que fa temps que volen treure's del damunt la imatge de paradís fiscal, i què millor que no fer ostentació.

S'han de fer festes per convèncer com més possibles votants i delegacions millor, sorprendre tothom en l'estrena catalana. Serrat ho volia fer sota bandera espanyola, i no el van deixar. La Roure ho ha pogut fer sota bandera andorrana, i ja és prou important, però encara hauria anat millor haver pogut moure totes les peces i aliances per ser a la final de demà. Però, és clar, França no retransmetia la semifinal. Per tant Chirac, que és copríncep andorrà, descuidava els seus "súbdits". No és el primer descuit. L'altre és l'oposició dels seus ministres que el català (la vuitena llengua més parlada d'Europa, més que el danès, l'holandès, o el finès, per exemple) sigui oficial a la Unió Europea. Dins de la desfeta de la presència internacional del català, encara hi hauríem de sumar el desgavell de l'Institut Ramon Llull. Què passarà amb la presència a la fira de Guadalajara?

Suggereixo humilment que Andorra comenci a fer una tasca diplomàtica que pot permetre que el futur eurovisiu del català tingui vocació finalista. Per què no s'integren a l'Institut Ramon Llull d'una vegada? Què va fer en el seu moment, quan tot estava a punt per a la signatura, quan s'havien posat d'acord

les agendes dels aleshores presidents Jordi Pujol
i Francesc Antich, i del llavors ministre Piqué, que
aquest ingrés no es formalitzés? Aquest seria un pas,
després se'n podrien fer molts més per buscar una
sintonia plena i harmònica que ajudés el català en els
seus periples internacionals.

ELS RITMES DELS CRACKS

Encara no sabem si Jennifer López o Whitney Houston, que aquesta setmana han coincidit a Barcelona, l'una actuant, i l'altra pendent del seu marit (el Marc Anthony, que cantava a Badalona) figuren entre els gustos musicals de Ronaldinho. La gent de *Batonga* (revista gratuïta de les músiques del món) sí que ens ha afermat en la certesa que el crack del Barça respon a la màxima brasilera de samba i futbol.

Al número d'aquest mes l'entrevisten, i Ronaldinho beu de la tradició músical de la samba: Almir Guineto, Fundo de Quintal, Beth Carvalho... I a més d'aquests gustos assegura que està amarat de música. Perquè a casa seva, a més de les *feijoadas* de *doña* Miguelina, els seus oncles li van transferir la passió pel *pandeiro*.

És estrany doncs que no es manifesti sobre la J.Lo, de qui tothom destaca el seu "pandeiro". Però encara que Ronaldinho visqui aquesta passió paral·lela a la del futbol bàsicament com a oient, de tant en tant es deixa anar i, això, toca el *pandeiro*, i col·lecciona els timbals que es fan servir per fer salsa. Aquesta afició el va fer participar al disc dels seus amics de Porto Alegre, Samba Tri, i fins i tot canta en una cançó que es titula "Goleador"!

Ronaldinho també explica a *Batonga* el vincle entre la música i el ritual previ de cada partit i la memòria del seu pare.

Diu força de Ronaldinho, aquesta passió musical. El millor jugador del món també du el ritme al camp, transforma el Camp Nou en el Sambòdrom de Rio. Hi aporta la sensualitat d'Iris Lettieri, la veu de la megafonia de l'aeroport (qualificada com una de les veus més sensuals del món), hi aporta la saviesa d'un crack.

També és cert que últimament es reclama de Ronnie que vagi més per feina, que la sensualitat, l'espurna, la samba, l'agafi més ritmada, més compassada. Que davant del Chelsea ens vas fer patir, que tots plegats volíem un "samba tri", o tres gols, vaja!

Però aquest dimecres el ritme de l'orquestra, o conjunt, o grup, va girar cap al tango. Perquè encara que Maxi tingui 22 anyets, i pugui jugar d'esquena a la porteria, segur que si se li pregunta per gustos musicals, no deurà situar la Whitney Houston, la protagonista d'*El guardaespatlles*, entre les seves preferències.

La tradició ravalera de Carlos Gardel, Osvaldo Fresedo, Juan Maglio, Pascual Contursi, Julio de Caro, el Chachafaz, li deu haver enviat el missatge que "veinte años no es nada", i 22 encara menys. Maxi ha començat bé la seva presència a l'Europa futbolística. Va ser clau davant del Chelsea per harmonitzar ritmes, i per trencar la "paret de pedra seca" que va dir el Puyal que havia aixecat Mourinho. Eto'o segur que deu estar encantat amb els Zebda, que tenen una cançó dedicada als futbolistes del Camerun. I què en fem de la J.Lo i de la Whitney? Orfes de futbolistes? La Jennifer no.

Hem vist la foto de la J.Lo i de la Beyoncé (!) a Madrid, amb David Beckham. No podia ser d'altre, i el que els unia no era la música, sinó la publicitat de Pepsi. I la Houston ha actuat per a una convenció de Toyota al Fòrum.

I mentrestant, amb quina música vol rebre Mourinho els jugadors del Barça? És ben sabut que els anglesos no paren d'animar els seus equips a base de cant i cervesa. Els Drogba i companyia al Camp Nou van tenir més aviat el ritme del silenci. Tancats i avorrits, com diria Cruyff. Esperem que a la tornada tots els jugadors del Barça li dediquin a José Mourinho i cia., un sonor "Cant dels adéus".

CULTURA EN XIFRES

Encara no m'he refet. Vaig anar a veure l'última pel·lícula que ens ha arribat del director grec Theo Angelopoulos, *Eleni*, i ja tinc en la retina un seguit d'imatges que espero que no se m'esborrin mai. La del turó dels llençols, la de les barques, anant de funeral, amb les banderes negres baixant pel riu, l'esgarrifós impacte de tot un ramat de bestiar escanyat en un arbre, i encara l'arribada de la parella protagonista a un teatre abandonat, on les llotges fan d'habitatge a un seguit de músics i les seves famílies. Una fórmula d'habitatge que la ministra Trujillo acolliria sense reserves.

La pel·lícula supera les durades habituals, fa unes tres hores, i alenteix fins a l'extrem els ritmes de videoclip a què estem acostumats.

Aquest home, que té una mica de públic a moltes sales del continent, vull dir que no és un director d'èxits de taquilla, és fidel a la seva concepció i manera de fer cine. Per un altre riu, a *La mirada de Ulises*, on parlava del cacau balcànic i macedònic, feia baixar Lenin. Ara un altre riu solca terres de desfeta, d'històries que ens connecten amb l'esperit dels grecs antics. Històries que et trenquen l'ànima, retratades amb una poètica que et regala un goig corprenedor. *Eleni*, una història que comença el 1919 amb la fugida d'una família de refugiats d'Odessa fins a Salònica, que recull una noia pel camí. Amb el temps quedarà embarassada del fill de la família, i donarà pas a una història d'amor que girarà cap a la mort. Les meves hores d'espectador

també han passat per altres propostes altament reco-
manables, com *La dama de honor* de Claude Chabrol,
Tierra de abundancia de Wim Wenders, o *Reinas*, l'úl-
tima comèdia de Manuel Gómez Pereira. He fet com
una mena de cursa de sala en sala, pensant encara en
tot allò de bo que em deixo per veure.

I us explico això quan llegeixo que Catalunya supe-
ra la mitjana espanyola en hàbits i pràctiques culturals.
És l'enquesta de l'SGAE del 2002-2003, és a dir que
tot això que he vist no computa. L'ordre de gustos l'en-
capçalen la música, el cine, la lectura i el teatre. Si més
no aquell any. En el cas del cine, els catalans hi anem,
com a mínim, un 62,9% de la població, mentre que a
Espanya és el 54,7%. És clar que jo em puc conside-
rar afortunat. No vull ni pensar l'organització que deu
necessitar una parella amb fills que vulgui veure *Eleni*.
La poètica del director grec deu haver de xocar amb
un lloguer de cangur per quatre hores, o un sistema de
torns.

Les xifres de teatre, que és el que a mi em faria es-
tar assegut cada nit a una sala diferent, diuen que a
Catalunya hi va com a mínim un 31,8%, molt per da-
munt del 23,4% d'Espanya. M'agradaria que el per-
centatge fos encara superior. Perquè el teatre, quan està
ben fet, arriba molt més als sentiments, a la passió.
I perquè per sort a Catalunya es fa, en general, molt
bon teatre. No hauríem de desaprofitar ni una sola de
les oportunitats que ens cauen a les mans per anar-hi.
Perquè el teatre, a més d'una gran mentida, d'un gran
engany (com diria el Berhard del Lliure), és la vida.

La vida lluny d'estadístiques. I és clar que sense ni
música, ni discos, ni llibres, seríem morts. O no seríem
tan vius. Bona prova en tindrem ara que s'acosta la

festa de Sant Jordi, cada vegada més la festa del consum cultural a Catalunya. Ja només ens falta millorar l'hàbit, i la pràctica. Però pensant-ho bé, com es pot mesurar en xifres l'impacte d'una nota musical, d'un passatge llegit, d'una acció teatral, o de, per exemple, un fotograma d'*Eleni*?

UNA JOIA ÉS PER A ARA

Em van donar la taula K, i la tenia en diagonal. Ara ja han passat uns dies i m'acontento, per refrescar el record, a repassar el catàleg de Puig Doria, que amb les fotos de Manuel Outumuro és tota una altra joia.

Sí, K de Karolina i de Kurkova. La mateixa K de Kafka, que fa que mentre a Saddam Hussein li graten la gola per determinar si és ell, a mi em pessiguin el braç per saber si sóc viu davant aquesta joia txeca.

És clar que em mantenen les constants gràcies al foie, i al marisc amb cuscús. Hi ajuda també la joventut impetuosa d'aquesta gran top-model de dinou anys, que escampa simpatia i energia nadalenca per les taules que han instal·lat a la rerebotiga d'aquest Tiffany català.

S'aixeca de la taula i es fa escoltar, pel mètode del dringar copa i forquilla, i es fa mirar per l'alçada que té. Ens desitja un molt bon *Christmas*, a la mateixa hora que els replicants de Maragall s'acaben de repassar la seva intervenció.

Josep Maria Puig la segueix, en l'ús de la paraula, i en els desitjos. Estem parlant d'una línia de joieria, que l'escriptor anglès, Malcom Lakin, va incloure en el seu llibre sobre els cinc millors joiers d'Europa, i que aquest any llueix una de les millors cinc top-models del planeta.

La model que han triat per lluir les joies d'aquest 2003-04 sembla que és una dona de caràcter. No l'han acabat de convèncer cap dels 60 vestits que li havien preparat per anar a joc amb les joies, i al final ha optat per anar-se'n a comprar un no se sap on. Això per no parlar de les sabates, que tampoc l'han convençuda.

La duen de la mà, un estol d'homes que la protegeixen de l'entorn, des de Javier Escobar, que ha fixat el concepte del catàleg, el seu representant Carlos Mundi, el seu Alessandro, el seu Outumuro, i el patriarca i l'hereu d'aquesta nissaga de joiers, que han esdevingut un clàssic del disseny de joies, els Josep Maria Puig Doria, pare i fill.

Ella, però, que aquest any ha fet com d'una mena de neboda-noel, mira de fugir del protocol estricte i reclama parlar. Una cavalcada de reis desbocada, que ha dut un govern nou, i un seguit d'or, de papallones de brillants, de nàcar, de materials naturals i senzills com el coco i el cuir, que juguen i combinen amb els safirs i les maragdes, això és. Cascades de brillants, closques de pinyons, plata i acer, i fins i tot camuflatge militar, que aquests mesos es porta molt.

La novel·lista americana Margaret Lee Runbeck deia que la felicitat no és una estació, és una manera de viatjar, i potser en el periple de la Kurkova ella mateixa escampa felicitat. Se sent la cançó que qualsevol seria simpàtic i feliç, si estigués tan carregat de duros i de bellesa. A cada taula, de fet, la Kurkova podria trobar el seu contrapunt femení.

L'encens i la mirra necessiten també que algú les escampi. De la mateixa manera que com una altra nadala sona que de la moda d'alta costura ja n'està farta, i que no desfilarà més, que el que vol ella és ser actriu, que li plouen els guions, i que Ridley Scott ja l'ha fitxada.

Més cançons de Nadal, que la Kurkova té el cor generós, i que la seva via d'expressar la solidaritat (que entre maratons i finançament autonòmic és el valor de moda) sí que és sincera. Per damunt de la generositat que se'ls suposa a les top-models, ella sí que s'ha dedicat a aportar diners a l'hospital infantil de la seva vila nadiua, a Txèquia.

La bufetada anual del Nadal, aquest any m'ha arribat enjoiada, i tot d'una em passa pel cap retallar el catàleg i enviar les fotos com a tarja de felicitació. Però encara que seria una imatge plena de bellesa, vols dir que em consolaria com amb les de l'Unicef?

DOS COSSOS ENMIG DE LA SORRA

Al Lluís me'l vaig trobar un dia per Tarragona. Em va demanar que, jo que treballava a Catalunya Ràdio, li digués a la Sílvia Tarragona que s'enrotllés, amb allò del *Cata-crack*. Els Pets ja feia temps que existien però reclamaven més espai per fer-se sentir. Ja és ben curiós, que en Lluís em demanés res. L'admiració era ben a l'inrevés. Jo l'admirava a ell, i al Joan i al Falin, i a Els Pets d'aquell moment perquè els havien tingut prou ben posats com per posar-se a fer rock en català sense complexos.

De fet, la meva admiració venia encara de més lluny, i sobretot per l'Annabel Gavaldà, quan tota la família passava els dissabtes i diumenges a la platja de la Pineda. Allí cantava jo més que ells.

És la vella admiració que m'havia fet seguir Els Pets fins a un concert d'estiu a la pista de Constantí. Devia ser la primera vegada que els veia en directe (fora de la platja) i, per cert, una cervesa mal col·locada per poc em costa un disgust. Vaig donar, sense voler, una puntada a un got de cervesa que va deixar xop un espectador, que va quedar brut natural, i això que no érem ni a l'època del *Calla i balla*.

El cas és que després d'aquella feta les cançons d'Els Pets s'han incorporat a la meva vida com una part més del meu llenguatge.

En el moment de creixement i primer boom, jo treballava a Madrid de corresponsal de la ràdio. I entusiasmat com estava amb aquella Tarragona esborronadora, i que m'agradessin més els gossos que els seus amos, anava distribuint cintes dels nous ambaixadors musicals de Catalunya a la capital de l'Estat. Era una manera d'exercir.

Sonaven frescos. Aquesta frescor que tossudament m'encarregava d'acudir als seus concerts quan feia vacances els estius. Cambrils, la Canonja, l'Arboç, Tarragona, Reus, Sants, Horta, València, són alguns dels escenaris on puc recordar sense massa esforç que els he vist actuar.

Amb el meu carnet del club de fans oficial a la butxaca, buscava d'una banda saltar i ballar amb un públic potser massa jove com per tenir-me al seu costat. Me n'adonava que, com en tantes altres coses, ens feia falta una generació. Arribàvem tard. Aquella música m'hauria agradat tenir-la molt abans. Potser per això, per la certitud que l'havíem de tenir, la meva adhesió ho travessava tot. I tenia carnet, gorra, adhesius i samarretes. La meva màquina del temps es tornava boja, vivia el present però també em refeia un passat recent.

Els Pets ens havien fet els deures i ens ajudaven a aprovar les assignatures pendents. A mi i molts altres que ens havíem fet grans sense rock en la nostra llengua.

La satisfacció encara és més gran quan comproves que el pas del temps no ha fet altra cosa que millorar-los. Han tingut l'impacte i l'èxit que buscaven. Han omplert estadis i velòdroms. Han fet l'or en vendes. I a més trobo que últimament, amb el *Sol*, els nostres ritmes s'han compassat del tot. Ells s'han fet grans, han fet miralls de les finestres, i jo he anat rejovenint. Ens hem empassat aquesta generació que feia falta.

Seguiré sent del club de fans, encara que sense número, de manera extraoficial, perquè ni el Lluís, ni el Joan, ni el Falin, volen que pagui la quota.

Seguiré buscant concerts per poder callar i ballar, i ho faré content i sense complexos. Amb la mateixa admiració innocent que un dia em va fer fixar en l'Annabel a la platja de la Pineda.

LA MOMA

Marcia Regina do Santos. Reteniu aquest nom que no és el de la cantant brasilerocatalana sinó el de la reina del carnaval de Salvador de Bahia. Reteniu-lo, mentre al vostre compacte sona música de Sergio Mendes, o de qualsevol Trio Electrico, per situar millor aquesta història que ha tingut com a escenari un dels carnavals més potents del planeta, sense desmerèixer la resta. No el descobrirem ara, però Brasil i festa de carnaval són tota una cosa que poc s'assembla a aquests carnestoltes de cap de setmana que tenim per aquí. Allà entre prèvies i seqüeles la festa, una de les més sensuals del món, dura tot un mes. Una festa que mobilitza milions de persones i que anima la luxúria molt més que les fúries infernals dels *Pastorets* de Folch i Torres. Mireu si aixeca passions que aquest any el ministre de Sanitat, José Serra, i possiblement també candidat socialdemòcrata a les eleccions presidencials d'aquell país, ha repartit 20 milions de preservatius perquè no s'escampi la sida entre totes les bacanals que s'hi viuen.

Doncs la figura de la reina del carnaval, que és font de sensualitat i de passió desbordada i l'encarregada de mantenir viva la flama durant totes les festes, ha donat un molt mal exemple. Marcia Regina do Santos ha posat totes les traves possibles per arraconar el rei Momo, que és amb qui comparteix el protagonisme del carnaval: l'ha rebutjat per gras. Vaja, que fins s'ha negat a desfilar amb el rei Momo que li ha tocat. I com el volia el rei Momo? Si la tradició d'aquestes festes de la carn, i del culte al cos, sigui com sigui el cos, reclama que el rei Momo sigui el més gras possible, per què el troba massa gras? Pobre José Eduardo Santana, que és el jove coronat a qui ha caigut la moma. Ell és rei per moltes raons de pes. Concretament per 189 raons, una per cada un dels quilos que pesa ara mateix. La reina Regina ha dit que vol un Momo més estilitzat, més prim, algú amb qui quedi bé a les fotos, un príncep encantat. Això és tant com anar contra la mateixa essència de la festa. La de la tolerància, la d'acceptar l'altre sense prejudicis, tal com és, amb virtuts i defectes, i si justament hi ha un tret que destaqui per sobre dels altres aquests dies, és el dels excessos. Abans eren dies reservats a allò que la moral prohibia fer la resta de l'any. Eren dies de deixar-se anar. Però ara com que la gent es deixa anar més dies que els que marca d'ofici el calendari, la Regina do Santos ha actuat com una reina consentida, i amb una actitud impròpia del seu mandat, per curt que sigui. I és que també a Salvador de Bahia, com arreu del planeta, qui té el càrrec ha de demostrar més saviesa. Fixeu-vos-hi: es comença per no acceptar que el rei del carnaval sigui gras, i es continua no acceptant ni la cultura, ni els costums, ni el color de la pell, ni les creences, ni que tingui papers, ni feina. Per molt que ens diguin que el mapa genètic de la reina sigui el mateix que el del rei. Ja és ben bé que amb tanta deixadesa tota la vida és un carnaval.

L'AGOST JA PETA

Demà arriba l'*Agost*. Sí. I no em refereixo a aquesta temperatura que ha fet florir els ametllers, abans d'hora, i que va fonent la neu, també abans d'hora. *Agost* és el nom del nou disc d'Els Pets. El millor, perquè cada disc nou que han tret ho ha estat, i també aquest d'ara, que és el que fa deu, ho torna a ser. Com ho va ser el *Respira* el 2001, o el *Sol* del 99, o el *Bon dia* del 97, i també els anteriors. Però amb aquest em sembla que Els Pets confirmen que la música que han mamat, Lluís Gavaldà, Joan Reig i Falin Cáceres, tots aquests anys, totes les actuacions i gires els han donat una solidesa que no podem trobar en cap altra de les bandes que hi ha ara mateix al panorama musical del nostre país.

Deixa-m'ho dir de manera clara, perquè aquests dies n'han sortit molts altres, de discos. El de Bisbal per exemple ha tingut una presentació d'estrella de Hollywood. Tot va en proporció a les vendes. És clar que Els Pets són dels que venen més en català, i també es mereixerien una presentació en la mateixa proporció.

Però la indústria i el mercat català no s'han caracteritzat mai per grans presentacions, ni per campanyes de promoció massa ambicioses. Tampoc tenim ni aquests minuts musicals que insereixen les discogràfiques espanyoles a les teles, ni anuncis que aprofitin la música d'aquells que ho fan en català. És clar que el mateix Gavaldà troba que la música que aprofita la publicitat acaba sent soroll. Així es titula la primera d'aquestes dotze noves cançons, que agrupa l'*Agost*.

No sé si se'n vendran molts; es veu que entre inter-
nets i pirates, les discogràfiques han d'acabar buscant
una fórmula més enginyosa, si no volen tancar la pa-
rada del tot. A alguna pàgina web ja s'ha pogut sentir
el single "Pau", però no penjat per Discmedi, sinó per
algun dels nombrosos fans d'Els Pets.

A mi m'agrada aquest *Agost*-disc, tot i que com
a mes de l'any m'agrada més el setembre. Trobo que
fa massa calor a l'agost, però el so Pets que hi ha en
aquest disc, ens porta fins a les platges de Califòrnia
o les de Calafell. Amb sons de Beach Boys, i fins de
Hank Williams. Els Pets han anat fins a l'essència del
rock. Hi ha cançons molt pures, de so molt net, amb
presència d'unes guitarres de *country*, i amb uns teclats
amb un piano solemne, no utilitzat fins ara. I el pro-
ductor Brad Jones, segons explica Lluís Gavaldà, ha
volgut incorporar al disc alguna de les primeres preses
de les cançons, fetes a Nashville. La primera és bona.
Per sobre d'aquest *Agost*, hi sura aquesta mena d'ètica
prudent que crec que forma part també de la filosofia
d'Els Pets. La felicitat, la lluita per aturar la guerra,
la violència domèstica, o els tombs feixistes de testos
que no s'assemblen a les olles, i també una bona dosi
d'optimisme, que ha de permetre a Els Pets continuar
menjant-se el món, un estiu més.

És clar que aquest any és un bon any musical, amb
la *Morfina* dels Lax'n, els Whiskyn's a punt d'estrenar
disc, amb els Fang de Banyoles que ja han tret el seu de-
liciós *Dos Vidas*, amb *La porta estreta* dels Sanpedro,
amb la joventut dels Naltrus, amb tota una troballa que
es diu Txerramequ Tiquis Miquis (el Marc Serrats i el
Marc Grau, que han "enredat" els exDusminguet, als
Pomada, i altres amics). O ja que parlem de miquis, el

nou disc de Miqui Puig o de Quim Mandado, o amb el *dp* de Roger Mas, que aquesta nit actua al Luz de Gas, dins el cicle Barna-Sants, considerat ja disc de l'any. La llista de la música feta aquí és llarga, la podem ampliar amb els Ojos de Brujo, que ja travessen l'Atlàntic, els Sidonie, els Love of Lesbian.

Però trobo a faltar un ressò més gran de la bona notícia de l'aparició del disc d'Els Pets. Sobretot si la posem al costat de la de Bisbal, o la de altres OT de trajectòria tan fulminant. I com hi corren els mitjans d'aquí? A carrera feta.

En aquests anys no hem sabut generar els canals te-levisius i mediàtics prou potents per donar més volum a la música en català, i hem deixat que l'*Agost* el facin uns altres? Per què ho pregunto si ja ho sé?

EL RETORN DE LA MÒMIA DE JAUME I

Si necessitàvem arguments de ressò internacional, el rei Jaume I ens els està donant des de la seva tomba del monestir de Poblet: han trobat que hi ha dos caps. Aquests dies en què les sales de cine de tot el planeta s'omplen d'història d'Egipte gràcies al retorn de *La mòmia*, els ossos de Jaume I s'han remogut demostrant que la seva vida és tan apassionant com la de les benes de *The Mummy*.

Quan es va estrenar *Braveheart*, i Mel Gibson va donar pistes a la humanitat de com havia anat això d'Escòcia, i la Gran Bretanya, aquí no van faltar veus que volien vendre la trama de l'11 de Setembre a un guionista de Hollywood perquè en fes un èxit per als venedors de crispetes.

Ja és ben veritat que a més de la televisió, el cinema, i més el cinema que com el nord-americà, o *Torrente 2*, es pot estrenar amb 300 còpies a tot Espanya, té una gran força divulgativa. Per això mentre no ens comprin l'11 de Setembre, se m'acut de proposar als guionistes nord-americans, mentre no facin vaga, que s'inspirin en la història dels dos caps de Jaume I. I mira que en passen de coses, i de bèsties, a la *Mummy*: escarabats, rates, ratpenats. D'això últim també n'hi hauria a la nostra història, perquè Jaume I i els dos caps ens difondrien al món a tots plegats: catalans, valencians, mallorquins, i als aragonesos de la Franja. Si ho tenim tot: l'acció de Port Aventura i la recreació històrica de Terra Mítica, i els moviments de terres a banda i banda.

A Poblet els científics han de determinar, amb les tècniques d'ADN, quins ossos dels que hi ha a la tomba, profanada el 1837, són del rei, i quin és el seu crani. A Hollywood no els caldria esperar el resultat, podrien jugar amb aquest fet per presentar la dualitat del nostre caràcter, la rauxa i el seny. A Poblet ja coneixen la vida del rei, gràcies al *Llibre dels feyts*. A Hollywood, els podríem enviar la recreació literària que n'ha fet l'Albert Salvador. I a més segur que els seus tres volums animarien els americans a fer també no una sinó tres pel·lícules seriades.

Mentre això s'acaba de concretar felicitem-nos de l'èxit del director Marc Recha, que amb *Pau i el seu germà* ha aconseguit col·locar per primer cop a Cannes, una pel·lícula feta en català. Encara que després a l'hora d'exibir-la aquí no disposi de 300 còpies. O en una altra escala, dels èxits internacionals de Laura Mañá i el seu *Sexo por compasión*, present encara a Peníscola, i directament i plena per la carrera de Sergi López, l'actor que ha dut la seva identitat i parla catalana a la gala dels Cèsar francesos. Gràcies a tots ells, actors i directors de cine, per la feina diària, i per fer-nos conèixer a través de la pantalla gran. I a qui toqui que es posi a treballar directament en la idea de la mòmia de Jaume I en cel·luloide. Que no ens torni a passar com amb la triomfadora dels Òscar d'aquest any, *Gladiator*. Mira que ho teníem bé: Tarragona patrimoni de la humanitat, i va i el Russell Crowe representa que era de Mèrida.

QUADRAR ELS NÚMEROS RODONS

Després de l'any Gaudí, i de la pròrroga que han fet amb Verdaguer, aquest és entre molts d'altres l'any de la Paloma, i del Bikini. Sí, la sala de ball del carrer del Tigre fa cent anys, i el local de la Diagonal en fa cinquanta.

Segur que no seran uns anys tan sonats com els del geni de Gaudí i de la saviesa de Verdaguer, però ja que Catalunya apareix en els rànquings de la Caixa com un dels llocs de l'Estat on els indicadors d'oci són més elevats, em sembla que ho hem de fer notar.

No és que jo comparteixi massa aquesta dèria de fer coincidir en un número rodó les celebracions més sonades, però com ja hem pogut constatar aquest any d'euro, això de l'arrodoniment està molt encastat en l'esperit popular.

A més, amb Gaudí sí que hem pogut arribar a sentir què passa quan un any d'aquests commemoratius s'organitza bé. De fet el seu comissari, Daniel Giralt-Miracle, ja el volen fitxar per a l'any Dalí, que serà el 2004. I a més és que hi ha hagut de tot, des del *30 minuts* i reportatges de rigor, fins a llibres, conferències, discos, discos compactes amb la Sagrada Família acabada, el musical, l'exposició, els focs d'artifici, les tres bessones i Gaudí... De tot, vaja. I de Verdaguer, a més, l'any potser no ha tingut tant de ressò entre els turistes que ens visiten, però sí entre els locals, i per això hi ha hagut d'haver pròrroga.

Està molt bé, doncs, que es recordi aquells que han contribuït a donar una mica de color i fragància a aquesta "tribu", i que han pogut treballar, regalant-nos el seu art, la seva poesia, les seves obres i saviesa, dins d'aquest "gueto" identitari.

A més, per sort per a nosaltres, i per a la resta de la humanitat, la seva obra ha pogut saltar les quatre parets de Catalunya, i han contribuït a difondre'ns arreu del món com una terra creativa.

Però és clar, pel president del Tribunal Constitucional no ens dutxem prou, i pel del govern central les nostres mires són massa estretes. Les de catalans, bascos i gallecs. Aquestes tribus tancades i emmirallades en si mateixes, improductives i brutes. Home, això que ens agradaria anar "nord enllà" per veure gent polida ja ho va dir l'Espriu, i per a qui no li agradi moure's d'aquesta bruta terra, ja tenim Pere IV.

Però, vaja, el debat intern de la tribu tampoc interessa massa. El que interessa és que aquest any hi ha eleccions, i l'un apunta i l'altre remata. La llàstima és que qui ha rematat, qui l'ha dit més grossa, qui ha encès els ànims amb les seves *boutades*, és el senyor Jiménez de Parga. Que no és que estranyi massa, perquè ja n'ha anat dient des dels diferents càrrecs que ha tingut d'ençà de la UCD, però vaja, s'espera una mica més de volada intel·lectual de tot un president del Tribunal Constitucional, i sobretot que si la història progressa, el que s'espera és no tornar 25 anys enrere.

Perquè posats a mirar enrere, mirem com s'ha divertit la "tribu" aquests últims cent anys. Com hem mirat de fer oïdes sordes a una brama que es va repetint cíclicament. Amb la Paloma, i els seus cent anys de progrés. Un local emblemàtic, per on han passat a ballar tantes generacions de catalans. I que ocupa just una antiga foneria on es va fer, per exemple, l'estàtua de Cristòfor Colom.

Per cert, ja sabeu que hi ha algun historiador que també sosté que el descobridor era català? Però vaja, se l'han fet seu, com els cuiners i el planetfutbol, i gairebé ja només ens queda la moda i la indústria editorial.

La Paloma és de visita obligada, amb aquelles pintures versallesques del sostre, els tapissos, i sobretot la bona música. Amb l'encert d'haver-se sabut obrir als joves, programant concerts i DJ internacionals.

Una bona programació que manté també Bikini. Un altre dels punts de referència obligada en la nit barcelonina, i en les hores de lleure de la "tribu". Bikini en fa cinquanta, d'anys, i d'entrada entre els actes de celebració ja ha recuperat cada dimecres un espai per l'espectacle i l'humor.

Rubianes i Bozzo van obrir el torn aquest dimecres, i els aniran seguit des dels Club de la Comèdia, fins a cantants com el madrileny Luis Pastor.

Tot un exemple que la tribu és prou oberta, i que a més reconeix aquelles persones transcendentals per a la nostra cultura, com Gaudí o Verdaguer, i aquells espais on el temps és tan fungible, com la Paloma i Bikini, i que en moments de baixa autoestima futbolística ens ajuden a ser més oberts, sensibles i marxosos.

UNA EUFÒRIA SENSE LÍMITS

Quan som a les portes del derbi català, encara vivim al carrer el ressò del derbi de la setmana passada. Encara dura. Déu n'hi do del que ha significat la victòria esportiva del Barça sobre el Madrid de diumenge passat! És clar que si el resultat hagués estat un altre ara ja ni se'n parlaria. Els aires d'epopeia que envolten aquesta victòria, que ha donat tanta marxa a aquest final de lliga, han esclatat en eufòria. La resposta dels aficionats sortint al carrer, anant fins l'aeroport, omplint Canaletes com si s'hagués guanyat la Champions, demostra la set de vicòria, les ganes d'assaborir el triomf que tenim tots plegats. Uns amb més ànims per expressar-ho de manera explícita, sorollosa, "claxonada" que d'altres, però aquests 4.000 que van sortir al carrer són com la primera escuma que fa saltar el tap de l'ampolla de cava. La resta som les bombolles que pugen de manera més disciplinada a guaitar fins al coll obert.

Ja és curiós que aquests dies, aquestes nits assenyalades per dos gols victoriosos, hi hagi aquest sentiment d'entendre els ànims expansius de la festa.

Els mateixos que s'escandalitzen davant d'una multitud convocada per Internet a celebrar una *rave* són els primers a sortir a tocar el clàxon de matinada. Aquells que truquen a la ràdio per denunciar que una colla de peluts, de guiris i de *hippies* no posen aturador a la festa són els que segueixen els passos del marcador a ritme de coet. Què vol dir això? Que hi ha eufòries políticament correctes, socialment acceptades, que obtenen el vistiplau general, tot i el cert grau d'enuig que pugui suposar desbordar una terminal d'aeroport, o col·lapsar un seguit de carrers?

Doncs sí. No? El futbol té aquest paper socialitzador, integrador, que et fa sentir formar part d'un grup, i quan el grup és majoritari, ja tolera tot aquest desig de manifestar eufòria.

Això que pot servir per a tothom, en el cas del nou Barça, el de l'era Laporta, encara té trets més singulars. Sembla com si a l'ambient d'aquesta primavera que ens ha de regalar tants bons dies hi hagués un virus (al marge de tots els que corren pel correu electrònic) que vol contagiar tothom de l'ànim de la victòria. Volem celebrar, per ser. Posar els indicadors anímics dalt de tot, com per ajudar en tant que espectadors als veritables actors de les possibles victòries: Ronaldinho i companyia. Què podem fer? Aventurar una hipotètica celebració, fer un assaig general pel que pugui pasar en els quatre partits que queden abans no acabi la lliga. És seguint l'estela del poeta més utilitzat, somniar l'impossible, perquè tot és possible. La festa al carrer pot ser assaig, o en tot cas el realisme de fer d'aquesta victòria el resum del que s'havia de fer aquest any. Assumir el nou estil de Laporta, que deixa enrere el "nuñisme" i el "gaspartisme" col·lateral, i quedar tan ben col·locats per a la Champions, com per no haver de jugar cap partit de selecció.

És clar que a més el carrer, últimament, ha tornat a ser l'escenari principal de mobilització per la pau, contra la guerra, contra el terrorisme, contra l'engany. El carrer s'ha despertat, ha recuperat el to vital que havia tingut fa uns anys. Anys de celebracions, que tenim ganes que tornin.

Per cert, que amb tot això de les emissions de pagament, hem recuperat un altre aspecte socialitzador del futbol. Amics i parents s'han reagrupat a casa de l'abonat. Hem envaït els santuaris televisius d'altres, els sofàs i butaques, hem ocupat cadires, i els hem buidat les neveres, en escenes que recorden justament el naixement de la televisió. Aquells anys inicials en què només uns quants tenien l'aparell màgic que revolucionava la comunicació. Ara trenca l'individualisme que ha generat amb l'augment del "benestar", i ens agrupa animant la victòria que desbordarà una eufòria més que acceptada, desitjada de llarg! Que comenci la *rave*!

GIRA LA LLIGA

Ara sí, ara ja es pot desmarxar tothom. Ronaldinho ja pot ballar la música dels Samba Tri, i els seus companys brasilers del Samba-Team, Deco, Belleti, Silvinho, Motta i Edmilson, poden fer batucada, i la resta que ballin al so de la tenora, dels *mariachis* o de la resta de timbals del planeta. El Barça d'aquest any, que l'he seguit fil per randa gràcies al multipremiat mestre Puyal, i amb el rerefons del Pay per View, gràcies és clar al fet que aquest any treballo al *Tot Gira* les tardes del cap de setmana de Catalunya Ràdio. I la impressió personal és que aquest Barça setmana rere setmana ens ha deixat un gran regust de boca. Una molt bona impressió, i una gran sensació d'alegria. Aquest Eto'o, que és una màquina. Amb un Xavi ben col·locat, un Puyol ferm, un Oleguer sòlid. I amb el canvi que ens vam arribar a aprendre després de molts partits: surt Giuly, entra Iniesta. I veure l'estrena de Damià, i la gent del filial. Tots del primer a l'últim. Aquesta és la lliga de tots, també aquí, com a l'handbol, els jugadors s'han entès com a companys. Ni l'allau de lesions, que semblava que fos fruit d'una conxorxa, ha pogut desviar l'objectiu final.

El que ara ens omple d'un alegria immensa i profunda, neta. Amb un Barça líder des de la cinquena jornada. Un Barça que ha volgut trencar sostres i rècords, i botes d'or, i amb cracks mundials beneïts per la FIFA. Perquè és el que encara tinc fresc, però el gol de Ronaldinho contra el València exemplifica el que ha estat el joc del Barça d'aquest any. Brillant, amb tocs d'un virtuosisme que va fer obrir en un cert moment l'etern debat sobre l'eficàcia i el joc bonic. Però "s'ha demostrat" que es pot fer bonic i a més amb resultats.

Una cosa més. Encara sorprèn com pensen els mitjans de Madrid, encara que tinguin vocació d'arribar a tot l'Estat. Sentir allò de "pues parece que esta liga no será del Real Madrid", després de la victòria de València, tenint present aquest recorregut del Barça al capdavant de tota la lliga, és si més no curiós. Perquè no deien: "Pues parece que esta liga será definitivamente del Barça"? Deu ser demanar massa, i potser no cal ara que ja tenim la lliga!

LLEVANT ÉS VENT DE BOSSA

Escrits de l'activitat econòmica

SENSE RESPIR EN LA CONSTRUCCIÓ

El progrés és l'hòstia. El progrés que acompanya el model de l'estat del benestar i que sembla tret d'una plantilla per a tot Occident. Això és el que permet que el paper de l'oracle l'ocupin ara els estudis d'economistes com el que han fet els Analistas Financieros Internacionales, per encàrrec dels constructors i promotors de Tarragona, i que conclou que d'aquí a set anys hi haurà a les nostres comarques tantes primeres residències com segones.

És a dir que els habitatges d'ús turístic guanyaran espai, i el 2010 es passarà dels 188.000 habitatges turístics d'ara a més de 261.000. Un volum tan gran que per densitat pràcticament perdrà la característica de descans tranquil que també ha d'anar associat a la pràctica del turisme.

Encara que, és clar, si continuem estirant dels estudis que intueixen els nostres hàbits i tendències, el fet de tenir un habitatge per passar algunes èpoques de l'any no és incompatible a efectuar certes escapades.

Potser qui tingui una segona residència a la Costa Daurada haurà de sortir a fora per respirar. Els constructors han d'estar contents, i també els indicadors econòmics, perquè si seguim les pistes tradicionals, la construcció és signe de riquesa. Què deu passar a les zones en què ja no construeixen més perquè ja no hi cap ni una pala de ciment? O rehabiliten o les grues i excavadores es llancen a construir en una zona veïna.

La veritat és que això d'una segona residència agrada. Quan el frigorífic i el cotxe últim model t'han satisfet, traspasses el mort de la teva felicitat a una segona residència. Per alguna cosa, i no solament per fer el boig, quan som petits juguem a muntar una cabanya en un garrofer. En aquest joc infantil es posen els fonaments i la primera lletra de la nostra felicitat hipotecada quan som adults.

També pesen altres factors: una major esperança de vida, o més temps per a l'oci. Tan sols falta que aquests indicis de futur arribin a l'administració, no fos cas que per falta d'infraestructures la segona residència ens recordés la cabanya dels nostres jocs.

PLANTEM CARA
A LES PETROQUÍMIQUES!

Es veu que les multinacionals no hi estan acostumades, que se'ls planti cara. Estic parlant de les empreses químiques i petrolieres com ara Messer i Repsol. Fins ara han actuat amb una impunitat total. L'exemple del macrocomplex petroquímic que tenim a tocar només obrir les finestres de casa és paradigmàtic. Crescut sense planificació, en l'època del tardofranquisme, amb casos flagrants com el de la IQA, que la xerrera popular durant alguns anys deia que l'havien aixecat sense ni demanar llicència, gairebé sense saber ni què es produeix. Ni quin grau de perillositat, ni quina repercussió té per a la nostra salut, ni per a l'equilibri de l'economia del territori. És impossible que hi hagi hagut mai massa capteniment, perquè en essència la multinacional ja ho té, això. Els fums ben lluny del despatx dels directius, i dels capitalistes que se'n beneficien. Aquests estan més per trepitjar parquet borsari, o moqueta ministerial, o de conselleria. A més, per damunt de la salut, hi ha hagut sempre el PIB, que és una cosa que als polítics els agrada molt. El país va bé, si aquests indicadors de benefici augmenten. No hi ha altre indicador possible. No n'hi ha cap que lligui amb una cosa o amb l'altra. Ni tampoc com conviuen o es fan malbé els diferents sectors productius. I aquí les fàbriques sempre han arribat menystenint el potencial turístic de la zona on han aterrat. I és que des de Frankfurt, París, Londres, Nova York, Madrid, i fins i tot Barcelona, costa de tenir en compte tot això. El cas és que davant de l'absència de planificació, aquí s'ha anat tirant pel dret, per la política dels fets consumats. El que hi ha és el que ens mereixem, i si davant d'una llacuna o dubtes legals, els senyors de la Basf t'aixequen una xemeneia descomunal, ja et faràs fotre, i si els de la Repsol, des de la Pobla, quan cremen donen llum d'espelma a tota la comarca, encara n'hem d'estar agraïts. Resulta però que de mica en mica, per efecte de les queixes de veïns, ecologistes i pel pacte (sempre tímid i costós) d'ajuntaments i empreses, químiques i sector turístic, alguna cosa es deu haver regulat. Costa que es vagi aplicant, perquè ni les pròpies empreses que signen un document, després el segueixen. Sempre podran dir que l'han recorregut, i mentrestant faran la viu-viu. La bandera que aixecaran serà un cop més la del benefici per a la col·lectivitat, la de la riquesa. Encara que no es compleixi res, encara que això sigui el joc del gat i la rata. Potser és més fàcil i té un impacte més popular aprovar la moratòria eterna pels constructors a la costa. No sé si serveix de gran cosa, a aquestes alçades en què el litoral català, el nostre inclòs, és un bloc de ciment. Però, per què no es té la mateixa valentia de dir que ja en tenim prou que les fàbriques, que les multinacionals químiques, facin i desfacin al seu aire? I Repsol què? Si la ciutat de Tarragona vol revitalitzar el seu port, per què no es planteja fer-lo créixer en direcció al seu terme, als seus límits territorials? Per què no es plantifiquen un pantalà a la Rabassada, o al Miracle? Per què es té tanta cura amb velocitat i alcohol a la carretera, i no es vigila un creixement perillós per tots plegats com la megalomania que demostren Repsol i Messer? Per què ens queixem que s'han perdut els límits en tants àmbits i no hi ha mesura en el creixement industrial? On és la sostenibilitat a Tarragona?

CONSUMITS PELS FETS CONSUMATS

La política de fets consumats sempre ha donat bons resultats. Quan les coses ja no tenen volta de full, què hi podem fer? Quan en l'època final del franquisme hi va haver fàbriques del polígon petroquímic que es van posar a funcionar sense cap tipus de llicència, ni control, no s'hi va poder fer res. Era tancar-se al progrés, i a l'ocupació. Aquí la tens, i si no la vols te l'empasses. Era el mateix que passava a la costa, el creixement descontrolat sense mesura, que va destrossar joies del litoral, amb la platja dels Capellans com a atemptat urbanístic més greu. La llei de costes ha reparat aquella destrossa, obligant a tirar a terra alguns edificis. Encara que la força constructora segueix imparable. Amb la indústria, no ha passat el mateix. No han obligat a tirar cap xemeneia a terra. Al contrari, el que ens volen plantar a dos pams de casa, encara no ho intuïm amb prou força. Ens plantaran una torxa de 130 metres d'alçada. Ho enteneu bé? Què pot ser això? Però aquí es tira pel dret, amb llicència, és clar. Els ajuntaments de Tarragona i Reus han beneït aquesta patacada al cul de Vila-seca i de Salou i de tota la Costa Daurada, i dels seus habitants. Per què no l'aixequen al mig de la plaça dels Carros, aquests de la Basf? Ara rai, que ja són patrimoni de la humanitat. Sort que quedaran les pedres, perquè el que són les persones ens acabaran de cremar a tots. Però ja plorarem quan la vegem des del balcó de casa. Fets consumats. És el mateix que va fer, en un altre àmbit, Terra Mítica. Tira que vas bé. El govern de Zaplana també va legitimar un procediment que grinyola es miri com es miri. La cosa ha arribat a les màximes instàncies europees, que controlen la competència. No se sap ben bé què hi podria dir el Tribunal de Defensa de la Competència espanyol. Però sí que sembla que Europa dirà que el procediment a l'hora de donar ales al parc de Terra Mítica no segueix camins de transparència. Però ja està fet, i mal fet. No deurà canviar res. El president de la Generalitat Valenciana ja s'ha queixat, i ha insinuat que darrere de la protesta, que ve de l'Associació de Parcs Temàtics que hi ha arreu d'Europa, hi veu l'ombra de Port Aventura. Que llest! Segur que es deu haver queixat Port Aventura. Després de com es va patir en la seva execució. Perquè encara que hi haguessin també queixes, i un procés recollit en un llibre i tot, com a mínim la cosa va passar pel Parlament de Catalunya. Allà tira que vas bé. En nom del progrés i l'ocupació.

Aquest any, doncs, els parcs es tiraran els plats pels tribunals europeus. Mentre nosaltres haurem d'aguantar que la política de fets consumats, que onejarà la bandera de la inversió multimilionària i del progrés, ens perfora l'ànima, amb la burrada de les burrades, aquest estol de megaxemeneies, que es veu que no deu poder aturar cap instància europea. O es farà quan ja estiguem consumits?

FEM-HI TRES TOMBS

El diable i sant Antoni Abat jugaran demà al 31, i segons diu la saviesa popular guanyarà sant Antoni, que traurà la Festa Major d'hivern a Vila-seca, Cambrils, Ascó. Valls ja va tenir aquest cap de setmana un espectacular Tres Tombs i també hi haurà festa a Salou. L'arrencada de l'any, ja per si mateixa festiva, té a la Costa Daurada una continuïtat en la setmana dels barbuts, que ens porta d'aquí a no res a les primeres calçotades abans del carnaval. Tot un cicle.

Ja fa uns quants anys, quan un servidor era corresponsal a Madrid, conjuminava amb el també periodista Josep Capella la possibilitat de crear el Xàrter del Calçot.

És la idea de traslladar fins a les nostres terres un grup de periodistes de la capital de l'Estat perquè coneguin i difonguin aquest fenomen culinari. Les zones d'esquí promouen una excursió, "Polítics a la neu", amb una intenció promocional semblant.

I és que a final de mes tindrà lloc a Madrid la fira de turisme més important per als interessos de la Costa Daurada: Fitur, dins d'un calendari de fires que obliga els diferents patronats a presentar-se als diversos mercats europeus.

I què vendrem en aquestes fires en què costa tant destacar per damunt d'altres ofertes? Quina serà la nostra carta de presentació? L'aigua de l'Ebre amb mercuri o hidrocarburs? Les màfies de delinqüents assentades a la Costa? Unes platges delmades pels temporals? Una

ruta per on es va passejar Mohamed Atta abans de vo-
lar a Nova York?

Cal treballar, i força, si volem donar una bona imat-
ge de la Costa Daurada. I fer-ho amb fonament, fugint
de la complaença. Necessitem tant de rigor i eficàcia
com sigui possible en tots els àmbits de la responsa-
bilitat i control públic: seguretat, garanties sanitàries,
infraestructures. I cal que el sector privat treballi amb
aquesta mateixa autoexigència. I s'han de fer "tres
tombs" bons a tota iniciativa que serveixi per projec-
tar una oferta turística que té tot el potencial i atractiu,
encara que de vegades sembla que guanyi la partida el
diable i no sant Antoni.

L'ESTIU DE CADA DIA

L'estiu ha arribat de cop, gairebé sense tenir-ho previst. Després d'aquest hivern que ens ha enganyat i mullat tant, l'estiu s'ha presentat aquestes vacances de Pasqua i sembla que ens hagi enxampat amb els pixats al ventre.

La temporada turística no espera, i els conflictes de l'Orient Mitjà, la guerra i l'epidèmia de la pneumònia asiàtica ja no ofereixen dubtes. Aquest serà un bon estiu per a la Costa Daurada, i per a l'economia de la nostra zona. Però és llàstima que aquest alleujament hagi de venir de factors exteriors. El que s'ha d'aconseguir com a aspiració final és que no haguem de dependre cada any de què passa a l'exterior. Que si hi ha guerra als Balcans, que si n'hi ha a l'Iraq, que si no es pot viatjar per culpa d'una plaga.

El que hem de ser capaços és d'oferir un producte turístic prou sòlid i atractiu com per no estar pendents sempre de què passa a la resta de destinacions mediterrànies, o destins exòtics, que fan la competència al sector.

I insisteixo, com tantes vegades que m'aventuro a reflexionar sobre el turisme, que d'entrada les nostres institucions han de fer tot allò que sigui a les seves mans i pressupostos com per endreçar el municipi, extremar la neteja de carrers i platges, i disposar de tots els serveis de sanitat i seguretat que acompanyen un creixement de població com el que es viu cada estiu. Un estiu que ja ha començat, i que reclama del sector privat que estigui a l'alçada. Per sort els temps han fet descobrir a la gent que no n'hi ha prou amb un apartament mig equipat. S'ha de donar sempre el millor, el màxim de qualitat, per eradicar la cultura del passavolant. Això de fer l'agost, que és tan lleig, que dóna una imatge d'aprofitament al sector turístic que fa tant de mal, que llença per terra tots els esforços que es puguin fer anant a fires i fent campanyes de promoció.

Fer les coses ben fetes per ser autosuficients, per ser pol d'atracció, no xarxa que aprofita les aigües remogudes.

Són tantes les cultures que hem d'anar modificant! S'ha de canviar la cultura de l'aigua, s'ha de millorar la cultura del vi, s'ha d'eliminar la cultura de l'agressió industrial (i aquí hi hem d'incloure l'agressió que provoca l'impacte visual), s'ha de fer créixer l'atractiu del patrimoni arquitectònic.

I això ha de ser una constant, no hi pot haver batzegades cada quatre anys, a redós de la crida a les urnes. Perquè vivim cada any, cada dia. No podem anar a remolc. Hem de ser motor.

EL POC ECO DE LA TAXA

El reclam que a les Balears l'aplicació d'una ecota-xa turística pot triplicar els recursos disponibles per al turisme no sembla que hagi estat suficient per seduir, per la seva bondat, els ajuntaments de la Costa Dau-rada. Malgrat la necessitat real de millorar el finança-ment dels eraris municipals, no s'acaba de contemplar com una bona opció que qui pagui sigui qui ens visita. Només Salou, que ja l'any 1229 envià el recaptador Jaume I a les Illes, i que ha reclamat des de fa anys la tipificació del municipi turístic, ha obert els ulls per veure com evoluciona l'experiment balear. En primer lloc, la idea no agrada als hotelers, i l'administració local, la més pròxima, que ja els cobra les contribucions i l'IAE, no els vol tenir amb cara de gos. I en segon lloc, si volen cobrar-los res, que no s'utilitzi l'esquer ecològic. Seria, si més no, cínic culpar el turista, que moltes vegades creu que caurà en un paradís natural, del deteriorament del nostre entorn. Els municipis tu-rístics tenen una vida un xic curiosa. Han d'estar pre-parats per donar serveis, seguretat, diversió, cultura o atenció mèdica a una població que no figura en el cens habitual, i que es multiplica en funció de variables in-certes. El pressupost per afrontar aquests serveis queda molt lluny del que és desitjable. Qui ha de corregir-ho? Cada ajuntament, el Consell Comarcal, la Diputació o la Generalitat? O el que ho posa tot sota el sol? El tu-rista. També és cert que una presència externa massiva, a banda de donar beneficis, agredeix el medi ambient.

Pero no l'agredeix molt més tot el sector petroquímic? No consumeix més aigua i genera més fums? Qui ens fa viure amb el cos en suspens? Qui perjudica, per la seva expansió agressiva, no solament el paradís natural perdut, sinó els habitants permanents? Doncs que siguin ells qui paguin l'ecotaxa turística.

SALVAGAUCHOS EN LAS PILETAS

Ja fa uns quants anys, un grup amb nom d'origen clarament argentí, Tango, cantava allò de "nunca volverás a bañarte en mi piscina". Ara els argentins han abandonat la intransigència, i han arribat en massa a la Costa Daurada per deixar que ens tirem de cap a la piscina sota la seva atenta vigilància.

Un grup d'aquests *guardavidas* (així els anomenen a Buenos Aires), els que treballen a l'Aquopolis de la Pineda, s'allotja a prop de casa meva, a Vila-seca. I la veritat és que, encara que estic a favor de la diversitat i que vingui a treballar gent de tot el planeta, quan els vaig veure al carrer descarregant de la furgoneta el material de salvament, vaig lamentar que aquests "immigrants" no ens haguessin arribat des de la Califòrnia de Pamela Anderson. I, posats a fer, que aquests vigilants no fossin com les que a la tele vigilen la platja de Venice. Però no, són professionals que l'empresa Calamar Salvaments ha reclutat a Argentina, on curiosament anomenen *playa* els aparcaments. El que s'ha de vigilar en aquest cas és més delicat: no són cotxes, són vides. I sigui per aquesta alta responsabilitat, sigui perquè els sous dels socorristes no són com els de Pamela Anderson, el cas és que amb els d'aquí no es cobreixen totes les places disponibles. Per corregir-ho, l'any passat van venir 38 *salvagauchos* i enguany ja són un centenar. La Generalitat, sense voler-ho, ha fomentat aquest flux ocupacional. Sembla que la nova normativa aplicable a les piscines d'ús públic obligarà que hi hagi vigilància en qualsevol piscina, sigui quina sigui la superfície, i que els ajuntaments podran aplicar sancions de 12.000 a 30.000 euros si no es compleixen aquest i la resta de requeriments que intenten dotar de més seguretat l'ús i gaudi de les piscines. Malgrat que ja s'han sentit queixes d'alguns hotelers davant d'aquesta regulació pel cost econòmic que suposa, caldria garantir-ne l'aplicació, encara que sigui pagant en pesos argentins.

LLISTES NEGRES

Tornem-hi amb la saturació costanera. S'aixequen de nou les veus que alerten que estem saturant el nostre propi espai, i concretament tota la franja costanera catalana. Greenpeace ha presentat el seu informe que, de fet, és de tot l'Estat i constaten la febre urbanística que envaeix no només Catalunya, sinó tot Espanya. Calculen que s'està construint un milió i mig d'habitatges, aquest any s'han concedit el doble de llicències que l'any passat. Als 8.000 quilòmetres de costa de tot l'Estat hi ha trobat 286 punts negres, i ja us podeu imaginar que nosaltres també hi sortim. Sí, Salou i Vilaseca i des de Coma-ruga fins a Sant Carles de la Ràpita, aneu parant allà on veieu grues. Ja es preveu que hi haurà costes indefenses, enfangades d'aigües residuals, i ofegades de ciment i totxanes. Aquest és el quadre que presenten els ecologistes, que no s'allunya gaire del que és la fotografia que estem dissenyant. Perquè segur que molta gent pensava que a Salou no es podia construir tant com s'ha construït aquests anys. Però per altra banda quan els polítics presenten les xifres de creixement econòmic han de tirar de la construcció, de la totxana i del turisme, per avalar les seves dades. I què produïm, doncs? Hi ha qui pensa també que una economia que només tingui aquests puntals no pot tirar gaire més enllà d'un cert temps. Que arriba un moment que es toca sostre. Ja és llàstima. Jo que sempre he defensat l'aportació econòmica i social del turisme de masses, ja començo a patir que al final aquesta gallina dels ous d'or no acabi petant. Perquè és evident que la saturació acaba degenerant l'entorn i l'oferta. Els serveis no poden ser els millors, l'entorn es degrada, i la necessitat d'omplir fa que es rebentin preus i al final tampoc acabin de sortir les xifres.

Però ja em reca que sortim de nou en una llista negra, o una llista de punts negres. Hem sortit a tantes! A la dels riscos de la petroquímica, a la de la incidència del càncer, a la dels accidents de carretera. També vam tenir, això a Reus, un crack del volant que va perdre el carnet per punts el primer dia! I vés sumant. Ara la de l'excés de construcció. Però aquesta es comunica amb la dels beneficis econòmics per a la zona? Perquè, és clar, si al final tampoc és del tot bona la cultura de la totxana i del turisme, ja em direu què? Per una banda alimentes l'economia general del país, però quan l'has fet créixer resulta que fas que tingui gasos, que estigui massa indigesta, que tingui una mala alimentació i que creixi malament.

Molt bé, però hi ha algú que ara ens pugui donar un pèl de bicarbonat econòmic, o que freni l'obesitat de la construcció, o algú que ens faci aparèixer en un llistat positiu?

LA COSTA DEL VI

Des de fa un temps, m'he convertit en militant dels vins catalans a Catalunya. Així doncs, quan vaig a un restaurant d'aquí i arriba l'hora de demanar un vi, intento demanar-ne sempre un que sigui del país, de la denominació en què em trobo o d'una de pròxima.

Proveu-ho, encara que tan sols sigui per control estadístic. És tan estrany que en un restaurant de la Costa Daurada (no em refereixo als de gamma alta), o de qualsevol zona del país, puguis trobar a la carta una sèrie de vins catalans, de les 11 DO (més la del cava), que et permetin anar descobrint com ha anat avançant la nostra cultura vinícola! Això sí, et marejaran la vista desenes d'entrades de vins de la Rioja, de la Ribera del Duero o fins i tot de Somontano. És molt més fàcil trobar qualsevol vi d'aquestes zones que de Catalunya.

I per què passa això? De què depèn? D'una distribució poc competitiva dels vins catalans, o molt ben jugada des de la Rioja? Assistim impàvids a una falta de cultura vinícola de restauradors i dels seus clients, que es dobleguen davant del que els portin?

Fins aquest dimecres es poden conèixer de primera mà a Barcelona, en la XXIII Mostra de Vins i Caves de Catalunya, una bona part dels vins que es produeixen a la nostra zona, i que, malgrat que tenen bona sortida internacional, no han aconseguit trencar les fronteres interiors.

Jo em pregunto: per què és tan difícil trobar una bona botiga de vins a Salou, o en els altres destins turístics? Per què no intentem que tots els que ens visiten tornin als països d'origen carregats amb alguna ampolla de vi, o almenys amb la consciència clara que aquest és un país productor de vins de qualitat?

Per què si hom viatja a San Francisco, a Califòrnia, rep tot tipus d'informació i facilitats al seu hotel per visitar les bodegues de Napa o Sonoma Valley, que són a dues hores en cotxe, i, en canvi, si és a Salou, no sap ni que té a mà zones com el Priorat, el Montsant, Tarragona, la Terra Alta, la Ribera, la Conca de Barberà, el Penedès? Què és el que està aigualint el nostre vi?

UNA ATRACCIÓ NATURAL

És Nadal i comencen a brillar estrelles pertot arreu, encara que els tècnics de la Michelin ens vulguin apagar, amb injustícia, els llums del camí que el paladar té ben après: que Cambrils és el nostre far gastronòmic.

Que des de Cambrils, portant a taula els plats i productes de pescadors, es va crear un estil de menjar que va ser adoptat després en altres fogons tal vegada no és prou recordat. I d'això ja fa més de trenta anys.

I també és veritat que hi va haver un gloriós moment en què Cambrils tenia, a més del seu far, quatre estrelles Michelin que el feien parada obligatòria per al gastrònom, i la població d'Espanya amb més estrelles per habitant. Se'n va anar l'Eugènia, es va transformar Rodolf i ara només queda la de Joan Bosch, amb l'esperança fundada que algun dia pugui anar a més. I amb la certesa també que a casa de Joan Gatell continua brillant aquesta estrella, la mateixa que ha lluït durant trenta anys. Com es pot, si no, viatjar amb èxit pel temps sense canvi de rumb i sense fer concessions a les modes, o últimes tendències culinàries, oferint qualitat, producte i la saviesa que reflecteixen les ones del mar sobre la vidriera del restaurant que tenen davant?

Ho diu Rafael García Santos a la seva guia personal: "Joan Pedrell és un personatge, un dels màxims convençuts dels valors tradicionals i populars de la cuina marinera, del producte i de les receptes típiques, de la naturalitat i de la suculència". Quin immens plaer que proporcionen!

Expliquen les germanes Rexach, de l'Hispània d'Arenys, en el llibre que commemora els cinquanta anys del restaurant, que no van fer res perquè els donessin en el seu moment una estrella a la guia Michelin, i sí que van fer molt per mantenir-la. Pero el caprici que els la va donar, els la va treure. És el mateix que deuen pensar al motel Empordà de Figueres. Què he fet per merèixer això? I tots ho deuen pensar veient els menjadors plens. Aquesta és i ha de ser la resposta quotidiana d'agraïment als Gatell per la seva feina. Cal anar a saludar els popets, peixos, cassoles i les persones que són pol d'atracció per damunt de capricis i modes.

LA PAU DELS FOGONS

D'aquí a onze dies Madrid viurà una cimera internacional, que ja m'agradaria que es fes a Barcelona en comptes de la que ens va escapçar la Diagonal i la que va contribuir a difondre la llegenda urbana que per un euro un membre d'Al-Qaeda et salvava la vida. La cimera que ens va regalar la presidència espanyola de la Unió Europea.

A Madrid, per contra, del 21 al 23 de gener es farà la primera Cimera Internacional de Gastronomia.

I a fe de Déu que aniran forts. Si els intents de fer només a Madrid els certàmens de moda, o els de l'automòbil, o les fires de turisme, d'objectes de regal, el planetfutbol, van tenint èxit, només Gaudí aguanta l'embat. Amb la gastronomia han passat damunt del Fòrum de Vic, i també volen passar pel Congrés Gastronòmic que organitza cada any a Sant Sebastià el crític García-Santos.

Aquí han passat per damunt de tot, i no han respectat ni el liderat ni la potència de l'alta cuina que es fa a Catalunya. Tampoc és que els hàgim de fer el retret sense més perquè es faci a Madrid. Però sí que és cert que Catalunya, no sé si anant badant amb lluites soterrades, ha perdut pistonada.

Potser és aquí que hauríem d'homenatjar Paul Bocuse, Michel Guérard i Pierre Troisgros, els tres reis mags de la *nouvelle couisine* francesa, quan són els francesos els que ara elogien el treball, la cuina que es fa als fogons de Catalunya.

Uns fogons que, a diferència del que havia passat molts anys, deixen la seva empremta també a Madrid. Abans eren els bascos els que també marcaven el camí a la capital de l'Estat. Però ja fa uns anys que Sergi Arola, que fa de la senyera marca de la casa, obre ulls i paladars amb ressonàncies empordanenques al seu restaurant de la Castellana, La Broche. I uns quants carrers més amunt el Sant Celoni de Santi Santamaria fixa un pont aeri amb el seu Can Fabes del Montseny.

Deu ser una invasió subtil que ha permès la democratització dels restaurants. Ferran Adrià també hi ha mogut fitxa, a través del cuiner-deixeble que té a La Terraza del Casino de Madrid.

I si això són establiments amb regust català que obren cada dia les seves portes a la ciutat que farà aquesta "cimera" estomacal, només cal que pensem en tots els establiments que tenim a casa nostra, ja siguin estelats o no.

La força creativa, la depuració d'estils, la modernització, la posada al dia del gust que hi ha als restaurants catalans de gamma alta, fa punta i supera en molts casos la bona tradició culinària basca.

Però també allà han sabut unir esforços, i fer de la gastronomia una marca i un tret diferencial. I a més amb una notable diferència pel que fa a Catalunya, que és que a Euskadi s'ofereix molt més bon servei i producte en els restaurants de "menú" que no pas als d'aquí.

Però, vaja, sigui com sigui, a més de l'homenatge, hi haurà també demostracions i xerrades de Michel Bras, de Pierre Gagnaire, que explicarà com va conquerir París des de les "províncies", o de l'alemany Heinz Winkler, que deu ser el que si se li trenca una copa té més a prop el recanvi de la prestigiosa Riedel.

A la cimera de Madrid la representació catalana la duran la Carme Ruscalleda, el Jordi Butron, els germans Albert i Ferran Adrià, Joan Roca i Sergi Arola.

Algun canvi d'última hora deixa fora del programa algun altre dels grans xefs que tenim a Catalunya. Llàstima, sempre és més enriquidor sumar focs diversos, que no intentar apagar-ne.

Però sobretot llàstima que el "club de fans" que és Barcelona no hagi sabut ser capital gastronòmica, i organitzar un tipus de jornades complementàries a les del Fòrum de Vic o, en última instància, que la força d'aquest marc de trobada no sigui més potent. Què ens falta per evitar que cadascú vagi per lliure? Què ens falta per fer marca?

SALVAR LA GUERRA PEL PALADAR

Feia rodar entre els meus dits el tap de l'ampolla de Roda I del 1997, que tot i no ser ùn gran any per a la Rioja, és excepcional quan s'assaboreix per acompanyar un garrí confitat. Abans havia jugat amb el tap d'una ampolla de Chablis Gran Regnard del 1999. El seu recorregut va ser més llarg, perquè aquest blanc de la Borgonya, va haver de fer de contrapunt i de maridar tres plats.

Tres plats sorpresa que em van obrir tots els sentits de cop. Jo que anava amb el temps just, i amb la decisió presa de menjar-me un plat de macarrons al menjador familiar dels Roca a Talaià, a Girona, i la insistència del Joan em va fer tastar un seguit de plats que estan a punt de figurar en la renovada carta del Celler de Can Roca.

El que us explico em va passar aquest dimarts, que em vaig desplaçar a Girona per poder entrevistar David Trueba i Javier Cercas, els responsables de la versió cinematogràfica i literària de l'epopeia dels soldats de Salamina.

Després d'entrevistar-los, i mentre a una de les sales dels Oscar es feia una projecció per a la premsa de la pel·lícula, que s'estrena avui, vaig tenir un dels bons moments del dia allargant la conversa amb tots dos, Trueba i Cercas, i a més amb l'Ariadna Gil, sobre la pel·lícula i sobre la desesperació que s'acumula quan vols i dols festes sorpresa per a aniversaris sonats. I encara uns minuts abans, xerrant amb l'actor dels Joglars Ramon Fontserè, que fa del fundador de la Falange Rafael Sánchez-Mazas. Tot plegat havia donat sentit al meu pelegrinatge matinal. Fontserè, que havia fet broma sobre l'Iris, un bar de copes llargues que hi ha prop del complex cinematogràfic, m'explicava que a més del paper de Sánchez-Mazas, està molt satisfet també de la primera experiència cinematogràfica dels Joglars, una altra pel·lícula sobre els dos últims anys del franquisme, que s'estrenarà pels volts de l'estiu. Tot aquest enfilall de converses ben travades, que de fet ja arrencaven la nit abans quan havia saludat la Julieta Serrano i la Mercè Arànega al TNC després de l'assaig general de l'*Àrea privada de caça*, i la proximitat física del Celler de Can Roca, em van acabar empenyent al restaurant.

Ja us dic que després de parlar de *Soldados de Salamina*, i de veure les privacions dels "amics del bosc" tenia desig d'un àpat quotidià: un plat de macarrons.

Potser m'estava traint un desig més profund, però amb dues paraules de Joan Roca n'hi va haver prou per convènce'm que havia de seure a una de les seves taules.

I em veia jugant amb els taps d'aquestes ampolles que va triar en Pitu, com si fossin dues beines de les bales que volen a les planes i als fotogrames de *Soldados de Salamina*, i les que segaran tantes vides a l'Iraq. Tant de bo les bales fossin aquells taps, que a mi em situaven en un estadi pròxim a la felicitat.

Havia canviat els plans i enviava ordres al meu cervell perquè accelerés en el temps allò que mereixia calma. Calma per descobrir tota la dimensió d'aquests plats que també fan el seu assaig general. Una *velouté* de fonoll amb aigua de mar. Un esclat de l'oxigen que acarona el plàncton, una onada que t'obre el paladar i que deixa pas a un rossejat de gambes sense fideus i amb *mousseline* d'alls tendres, que és tot un joc de desconcerts. L'essència de la gamba es transforma en fideus, en un *trompe l'oeil* que t'arriba a fer creure que allò és ceba portada al límit. Però encara hi ha un altre gir aconseguit, la rajada (o escrita) amb una emulsió de pinya i fonoll, que situa aquest peix "de pobre" en una lleugera trona, i que busca després el recer d'aquest garrí que cruix amb una aroma de clau. La felicitat la rebla una poma caramel·litzada que ja voldrien els personatges d'aquest *Liliom* que protagonitza Lluís Soler a la Beckett (un altre moment de felicitat). El firaire del gust és aquí en Jordi, el germà petit que tancava un menú sorpresa ple de certeses, de riscos assumits.

Jo m'arrossegava per camins de felicitat, mentre els meus dits veien bales. L'absurd d'aquesta guerra d'Iraq i de la dels *Soldados de Salamina*, on hi ha homes que fan gestos que acaben salvant la humanitat. La contradicció profunda dels camins plaents que ens salven les hores, encara que tinguem les beines al costat del plat.

HISPÀNIA. LA FELICITAT DE LES DUES GERMANES

No m'ho vaig pensar dues vegades. Després d'haver-hi esmorzat vaig fer el camí de l'Hispània, de Caldetes fins a Barcelona, vaig pujar a casa, vaig omplir una bossa de taronges que havia collit la setmana anterior al tros que tenim a la Plana, a Vila-seca, i vaig refer el camí fins al restaurant.

Volia recompensar mínimament, i amb algun producte de la terra (collit per mi), el bany de plaer que acabava de rebre, un cop més, assegut aquell matí de dissabte (de fa quatre anys) a la taula d'entrada al costat de la Paquita i la Lolita, i la resta de família.

No hi ha res que es pugui comparar a aquells quilòmetres d'autopista que saltaven davant meu en una cursa frenètica per afermar el gust. Hi veig el color viu d'aquelles taronges, fent bandera al costat d'un paquet de Gitanes. Veig aquell sol que quan pica damunt la taula ja no hi troba ni Paquita ni Lolita. Se'n van a descansar després d'haver arrencat el foc a primera hora del matí. Desapareixen a la francesa, sense dir adéu. I no cal que t'esforcis a saber com. Això no ho veig mai. I em passa el mateix tant si és l'hora de dinar o la de sopar.

L'esmorzar s'acaba quan el fill de la Paquita, el Raimon, acaba la primera guàrdia i sona el rellotge-alarma que li marca el temps just de cocció d'algun dels guisats del dia.

Les meves taronges volien ser monedes d'agraïment, per pagar el tomàquet de Montserrat, els pèsols i les carxofes de Llavaneres, les patates d'Alemanya o el pa de Ca l'Enric. Em sembla que no en devia fer prou per equilibrar la balança, perquè l'última vegada que hi vaig esmorzar, vaig acabar desgranant pèsols.

Les dues germanes han fet 50 anys de vida i de cuina al restaurant Hispània, i aquesta mateixa setmana ho han celebrat presentant el llibre commemoratiu que ha escrit l'Arcadi Espada.

Un diccionari, un promptuari del plaer de la taula. Tant Narcís Comadira com el cantant Raimon, que van fer de padrins de la festa, es van "posar al trau de l'armilla", un cigró d'or, i la resta de creients vam refermar allò que "l'única i vertadera resurrecció dels morts, només es dóna a la cuina". Així ho diu l'Arcadi.

Deixeu-me que em fixi en el porc, que ara va per terra. Al llibre hi llegim: "A Nèstor Luján, només li agradava el porc. Potser va menjar altres coses, però no és segur. Però només el porc (i alguns derivats seus com els calamars de potera) li posava els colors a la cara. A l'Hispània Luján va trobar el porc. I la veneració. I la infància."

El llibre i els 50 anys els van celebrar al costat de bona part dels cuiners i restauradors de Catalunya. Des de Joan Pedrell del Gatell de Cambrils fins a Josep Maria Boix de la Cerdanya; de Santi Santamaria de Sant Celoni a Joan Roca de Girona, passant pel Juli Soler d'El Bulli (que acaba de publicar també el primer volum de la "Bíblia" de Ferran Adrià). De Nando Jubany, als germans Parellada; de la Montserrat de Ca l'Isidre a la Fina i el Manel de les Cols d'Olot; de la Mey Hofmann a la Rosa Gil de Casa Leopoldo. I tants d'altres, i tants bons cuiners que ens ressusciten dia a dia, i que fan de Catalunya terra d'avantguarda culinària.

La festa es feia just el dia que els de la guia Michelin anunciaven el resultat de la seva rifa. Fermí Puig, del Drolma del Majestic, devia saltar d'alegria al veure com se li feia justícia. I aquells que la perdien encara no entenen ara quina mena d'examen han de passar davant d'unes assignatures que només coneixen aquests professors que van d'incògnit.

La setmana gastronòmica encara ha tingut la presentació d'un altre volum de l'enciclopèdia de Vázquez Montalbán, i la ressaca del congrés que fa García Santos a Sant Sebastià. D'allà n'han tornat contents, sobretot els germans Roca: Jordi millor pastisser, i dos plats (el tresor de Lancome, i un *parfait* de fetge de colomí) triats entre els plats de l'any d'aquesta guia.

Festa dels sentits, doncs, innovació i trajectòria. Aprofitem-ho, hi ha qui ens demana que redecorem la nostra vida, però hem d'aprofitar tanta saviesa damunt les estovalles per redecorar el nostre paladar i estómac. Segur que les germanes Rexach, de l'Hispània, i tots els seus companys ens ajudaran a ser més feliços.

DE PASTA DE MONIATO

Intento desxifrar la meva lletra. Ah, sí: "el tomàquet ratllat i dues hores en un colador perquè deixi escórrer l'aigua". Aquesta és una de les moltes anotacions que tinc en el quadern que tanca el menú de Sant Antoni, festa major. Serem setze, més un arròs a la cubana que faré al meu nebot Daniel. No estic gaire convençut que el sedueixi del tot el Parmentier d'escamarlans i el lluç amb moniatos que he redissenyat amb l'ajuda de Xavier Ferraté del Bresca, restaurant de Cambrils.

Això del Parmentier em fa anar de cul, perquè només de veure'l en una carta ja començo a salivar. I mira que ve de la patata, el "pa dels pobres". El nom d'aquesta manera de preparar-la, propera als purés, ve d'un farmacèutic militar. Capturat pels prussians a la Guerra dels Set Anys (1756-1763), va veure que aquest tubercle era la base de l'alimentació dels soldats. Va ser ell qui el va exportar a França per pal·liar la fam de l'època.

Doncs bé, armat de valor m'enfronto al Parmentier. Em llanço sobre receptaris, llibres, revistes i fitxes de cuina. Tinc de tot i no tinc res. Ni rastre. Només existeix a la meva memòria? Obtinc una dada de *La historia más bella de las plantas*. On Parmentier va plantar les primeres patates, ara hi ha l'estació de metro de Sablons. Em serveix de ben poc. Penso en mares, esposes, germanes, sogres i cunyades que en aquestes dates que hem deixat enrere són capaces de cuinar per a tanta família. Penso en el vila-secà que ha assolit la cota culinària més alta, Eduard Xatruch, que malgrat una insultant juventut és cap de compres d'El Bulli. Segur que a ell no se li'n va l'olla davant d'un Parmentier. No m'arrugo. Fins ara, a pesar del traç gruixut en els plats, cada any m'he arriscat un xic. M'he divertit fent de cuiner a casa, i he intentat no decebre la parentela. És clar que començo a pensar que la professió ja "tremola". Quan cuinava per Sant Esteve, i abans de la pausa nadalenca, marejava Joan Bosch. Algun any he cridat Santi Santamaria, posat en plena feina als fogons de Can Fabes, perquè m'aclarís alguna recepta, i també Joan Roca, a El Celler, a Girona.

Així doncs, amb la confiança que cal truco al Bresca, a Xavier Ferraté. Mientre em calma per telèfon, em parla de ceba, de patata i de galeres. Allí em veig jo: a galeres! Però no. Compto amb el seu suport i el d'Alba Roig, que han millorat els meus plantejaments, dissenyant un nou menú, rebaixant-me el treball i oferint-me fins i tot les seves bases, orellanes, trufes de paté de conill i espineta, i també, el millor, el seu Parmentier. Per fi! Han sigut el meu manual de supervivència en situacions extremes. Estic com si m'hagués mossegat un tauró, però amb el torniquet a punt.

Surto al carrer i em trobo el Joan Pedrell, animat, després d'haver anat a Nova York, i de fer millores a Casa Gatell. Al mercat veig la Maria Teresa, l'esposa del Manel Morell, de Gallau, ultimant les compres. Només se m'apareixen cuiners, són els Reis Mags, que em deixen, amb la seva saviesa, de pasta de moniato.

TERRA DE CALÇOT

Aquest cap de setmana Valls acollirà una nova edició de la festa del calçot. Una mena de tret de sortida de la temporada del calçot, que a més compta amb un tradicional concurs de menjadors de calçots que trenca tot tipus de campanya de dietes i estètiques. Ve a ser una mena d'inauguració de temporada, per bé que la setmana passada ja vaig poder ensumar la flaire inconfusible d'una calçotada que feien al jardí d'un xalet en una urbanització de Reus.

I passa com amb els vins, l'olfacte fa la feina principal. Segons com no cal ni tastar-los, els calçots: amb l'olor n'hi ha prou. Segur que Ferran Adrià sabria traduir l'essència del calçot rebentat per les flames de redoltes, i fer-ne un aire, com ha fet amb pastanagues i mandarines.

Arriba el calçot amb festa multitudinària a Valls, i segurament pot ser el millor remei per plantar cara a l'onada de fred siberià que ens ha passat pel damunt. Ja ho veieu, la cartellera d'aquest Nadal: tant d'anunciar-nos *Polar Express*, i el que s'ha acostat fins aquí és el transsiberià. El calçot contra el fred. Perquè encara que no totes les calçotades es puguin fer en trossos de terra d'amics o parents, també hi ha molts restaurants que fan calçotada que habiliten zones exteriors per complir el ritual de la manera més acostada possible a l'origen i seguiment fidel de l'àpat. El primer que va fer calçotades públiques a Valls, o ceballotades, com també volia dir-ne, va ser Josep Gatell Busquets, conegut com a Bou. Va ser a començaments de segle, i ara hi ha calçotades genuïnes tant a Molins de Rei, com a l'Empordà.

A partir d'aquest cap de setmana veurem arraulits als camins d'entrada a les finques un seguit de cotxes, que difícilment es concentren per anar a treballar la terra, per anar a esporgar, o a cremar pàmpols. I de manera massiva a molts restaurants. Estem parlant de la festa gastronòmica més important dels Països Catalans, perquè també en podeu menjar a Mallorca, València i Andorra. Es calcula que aquesta temporada més de mig milió de persones menjaran calçots.

El calçot estira. Encara més, la festa del calçot estira, perquè reuneix bona part de l'herència que hem rebut de les cultures que han donat forma a Catalunya. I possiblement hi ha molt de romà en la festa del calçot. És clar que el seu origen és força més modern, i que també es vincula a l'atzar, i a Xat de Benaiges. Però em refereixo més al color de la salsa on se suquen els calçots.

Jaume Castell ha recordat la teoria d'Antoni Alasa, *Máximo Burxa*, folklorista o historiador de cuina tarragonina, que ja situa el romesco en l'època romana. Que a més se'n va servir al banquet que li va oferir Pere Martell a Jaume I, abans de sortir per conquerir Mallorca. Aquí parlem del romesco guisat, del plat de peix. La salsa vermella, que n'és una derivació, i que omple les taules festives de tot el país entre calçots i xató, i que també ha agafat el nom de salsa romesco. I que a més de romans, també té aportació dels àrabs, que ens van dur la nyora, aquest pebrot que s'utilitza en la salsa salbitxada.

La salsa vermella, pensada per substituir alliolis i maioneses, la va idear Josep Font, el creador de la nissaga cambrilenca dels Gatell de Cambrils, que tant han fet a través dels seus restaurants per la cuina catalana. Qui l'hi havia de dir l'any 1914 a Josep Font, quan va canviar barberia per restaurant? Qui li havia de dir com marcaria les taules la salsa vermella? I qui ens havia de dir a tots plegats que amb l'adequació de la indústria alimentària a les presses i necessitats del dia a dia, arribaríem a trobar als supermercats salsa romesco, de xató o de calçotada ja preparades?

Així les coses, i com que el nou Estatut planteja que els catalans hem de poder ser feliços, m'aventuro a demanar de nou una altra esmena, o reconeixement legal, en aquest cas per a la calçotada.

Perquè si algú ens observa des de l'aire, ja sigui aquest cap de setmana a Valls, a l'Alt Camp, o qualsevol altre cap de setmana arreu de Catalunya, i es dedica a comptar les columnes de fum que s'aixequen de terra a l'hora de dinar, i el moviment que fan els comensals, sucant el calçot dins la salsa, només pot pensar que seguim una llei. La que dóna sentit a allò de cuina associada a paisatge, producte i calendari.

TERRA D'ESCUDELLA, DE POT

Qui no ha caigut en la temptació de fer servir caldo de tetrabric? Fa uns anys ens va semblar exòtic, i ara ja és gairebé l'única manera de tastar aquest gust tan casolà. Només aquells que tenen més temps, o que saben administrar-se'l i organitzar-se bé, poden tastar un bon caldo casolà fets per ells. Què hi ha més estrany, quan va sortir per primer cop, que una truita de patates precuinada? De fet aquesta tendència, la dels menjars preparats, és la que no para de créixer any rere any. Això i aliments que triguen més a caducar. Les estrelles de l'Alimentària, que aquesta setmana es fa a Barcelona, una fira que l'any 2008 serà ja la primera del món del seu sector, són aquest seguit de productes que són l'efecte mirall de com vivim. Un tipus de peix capaç d'aguantar a la nevera diverses setmanes sense perdre cap qualitat, pa i dònuts congelats, formatge en conserva que pot durar quatre anys, i uns quants artificis més, que ara ens poden sonar estranys, però que poden ser moneda corrent d'aquí a uns mesos.

No és el que hem menjat, però pot ser el que menjarem. Josep Pla (us pensàveu que us escaparíeu de veure el seu nom en un article que parli de menjar?) ja es plantejava un munt d'interrogants al voltant dels horaris laborals i hàbits alimentaris. Doncs ara es tornaria boig. L'estil de vida ha canviat tant, que això de cuinar aviat serà una activitat de cap de setmana, com qui fa bricolatge, o reservat a les grans festes. I com que també haurem perdut la tècnica de la cuina diària, tot hauran de ser precuinats. D'aquí que Alimentària creixi tant, i en aquesta línia.

Només cal que vegeu la decepció que ha tingut Sergi Arola a *Esta cocina es un infierno* a T-5, quan ha comprovat que els famosos no volen aprendre a cuinar. Però és que els no-famosos tampoc en saben. I els seus fills encara ho tindran més magre. Tret que la televisió segueixi amb la febre actual i ens segueixi instruint de com podem sobreviure davant dels fogons.

"Mengem com vivim", l'estudi que ha dirigit l'antropòleg social de la Universitat de Barcelona Jesús Contreras, que es presenta a Alimentària, constata que per falta de temps cada vegada mengem pitjor. Les verdures, llegums i peix, els aliments més recomanats nutricionalment, només agraden a sis de cada deu persones. El que sí que triomfa en canvi és una combinació de pollastre amb patates fregides i gelat. Nou de cada deu persones trien aquesta opció. I els més petits, els reis de la casa, han deixat d'haver-se de menjar el que tenen al plat, tant si els agrada com no, i ara se'ls demana què els ve de gust. I el que ve de gust no s'ajusta a allò que ens convindria per salut. D'aquí que també a Alimentària hi hagi una bona pila d'aliments que busquen aquesta aliança: botifarres amb un 90% menys de greix, tonyina amb isoflavones, que combat el colesterol, olives farcides d'anxova amb fibra.

Així les coses, potser estaria bé que el Govern de la Generalitat, si també s'empesca a fer enquestes com feien els seus predecessors, que segur que sí, que també en facin una sobre identitat i cuina. Segur que l'escudella, que el 98 havia superat la llonganissa amb seques, ara quedarà superada per una pizza quatre estacions

encarregada per telèfon, o com a molt per una escude-
lla de pot.

Ara que es remenen els horaris laborals, i que es vol
fer un plantejament que conciliï feina i família, resulta
curiós rellegir les preguntes que es fa Josep Pla a *El que
hem menjat*. Ja es qüestionava fa uns anys si els nostres
esmorzars i la resta d'àpats s'ajustaven prou a l'estil de
vida que anava canviant mica en mica.

ÍNDEX

A L'AIGUA I AL VENT NO FIÏS TON ARGENT

PER MOLT QUE BUFI EL VENT, NO S'APAGUEN LES ESTRELLES

LLEVANT ÉS VENT DE BOSSA